:: 中華文化促進會主持編纂

:: 國家"十一五"~"十四五"重點圖書出版規劃項目

:: 中國社會科學院哲學社會科學創新工程學術出版資助項目

出品人 王石 段先念

今注本二十四史

遼史

元　脫脫等　撰

李錫厚　劉鳳翥　主持校注

中國社會科學出版社

七

表【二】傳【一】

遼史　卷六七

表第五

外戚表

漢外戚有新室之患，晉宗室有八王之難。《遼史》耶律、蕭氏十居八九，宗室、外戚，勢分力敵，相爲唇齒，以翰邦家，是或一道。然以是而興，亦以是而亡，又其法之弊也。

契丹外戚，其先曰二審密氏：曰拔里，曰乙室己。[1]至遼太祖，娶述律氏。述律，本回鶻糯思之後。[2]

大同元年，[3]太宗自汴將還，留外戚小漢爲汴州節度使，[4]賜姓名曰蕭翰，[5]以從中國之俗。由是，拔里、乙室己、述律三族皆爲蕭姓。拔里二房，[6]曰大父、少父；乙室己亦二房，曰大翁、小翁；世宗以舅氏塔列葛爲國舅別部。三族世預北宰相之選，自太祖神册二年命阿骨只始也。[7]一：聖宗合拔里、乙室己二國舅帳爲一，與別部爲二。此遼外戚之始末也。作《外戚表》。

[1]乙室己：【劉注】【劉注】原本、南監本、北監本作“乙室巳”，中華點校本作“乙室已”，修訂本據殿本改作“乙室己”。契丹小字作𑹲，𑹲中的𑹲是復數格詞尾，𑹲的詞幹爲𑹲，從對契丹小字的擬音來考察，“乙室己”更爲正確。

[2]回鶻：古代民族名。即回紇。本突厥別部。北魏時稱袁紇，亦曰烏護、烏紇，至隋稱韋紇。大業元年（605），因反抗突厥的壓迫，與僕固、同羅、拔野古等成立聯盟，總稱回紇。唐天寶三年（744）破東突厥，建政權於今鄂爾渾河流域，有今蒙古高原之地。唐時助平安史之亂，屢尚公主。唐貞元四年（788）自請改稱回鶻。開成五年（840），爲轄戛斯所破，部衆分三支西遷：一支遷吐魯番盆地，稱高昌回鶻或西州回鶻；一支遷蔥嶺以西楚河一帶，即蔥嶺以西回鶻；一支遷河西走廊，稱河西回鶻。歷五代遼金，回鶻皆嘗入貢。元明時稱畏吾兒。其族在唐時奉摩尼教，宋元以來改奉回教。

[3]大同：遼太宗年號（947）。

[4]汴州：治所在今河南省開封市。

[5]蕭翰（？—949）：契丹外戚。應天皇太后述律氏之侄。大同元年從太宗入汴，爲宣武軍節度使。世宗即位後，附世宗反對應天皇太后，娶世宗妹阿不里。天禄間，一再謀反，伏誅。本書卷一一三有傳。

[6]拔里二房：本書卷四五《百官志一》不稱“房”，稱“帳”，各設常衮以治之。

[7]阿骨只：阿保機妻述律氏之弟。契丹王朝建立之初，與其兄蕭敵魯掌腹心部，神册三年（918）以功拜北府宰相。本書卷七三附《蕭敵魯傳》後。　自太祖神册二年命阿骨只始也：【劉校】據中華點校本校勘記，本書卷一《太祖本紀上》載，在神册三年十二月。

戚	一世	二世	三世	四世	五世	六世	七世	八世	九世	十世	十一世
蕭氏：	五世祖胡母里。	北府宰相敵魯。[1]		平章事討古。[2]							
			北府宰相幹。								
景宗睿智皇后父思溫：[3]	忽没里。[4]	北府宰相思溫。[5]	北府宰相繼先。[6]　思溫無嗣，睿智皇后命爲後。	〔紹宗〕。[7]							
		馬群侍中术魯烈。[8]	蘭陵郡王撻凛。[9]	南京統軍愷古。							

			大父房，不知世次	林牙蕭和尚。[10]	北院樞密使革。[11]
				北院宣徽使特末。[12]	

[1]北府宰相：契丹部族官名。契丹可汗之下有北、南二府，各部族則分屬二府，故北宰相亦稱北府宰相，南宰相亦稱南府宰相。　北府宰相敵魯：【劉校】據中華點校本校勘記，"卷一一三《蕭翰傳》：'一名敵烈，字寒真，宰相敵魯之子。'敵魯下缺翰。依原式未補。以下仿此不備注"。

[2]平章事：即同中書門下平章事。唐制，大臣中有此名義者即爲事實上的宰相。遼襲唐制，在分設北南面官之後，以同中書門下平章事爲南面宰相。

[3]景宗睿智皇后（953—1009）：諱綽，小字燕燕，北府宰相蕭思温女。景宗即位，選爲貴妃。尋册爲皇后，生聖宗。景宗崩，尊爲皇太后，攝國政。統和元年（983），上尊號曰承天皇太后。本書卷七一有傳。

[4]忽没里：【劉校】原作"忽里没"，《蕭紹宗墓誌銘》作"忽毛里"，本書卷七八《蕭思温傳》作"忽没里"，據改。

[5]思温：蕭思温（？—970）。小字寅古，宰相蕭敵魯族弟忽没里之子。通書史。穆宗時爲南京留守，但畏懦不敢戰。應曆八年（958），周占束城，遼軍退渡溽沱河而屯，思温飾他説請濟師。已而，後周圍瀛州，陷益津、瓦橋、淤口三關，迫近固安，思温不知計所出。十九年（969），穆宗遇弑。思温與南院樞密使高勳、飛龍使女里等立景宗。保寧初，爲北院樞密使，兼北府宰相，仍命世預其選。思温女册爲皇后（即睿智皇后），加尚書令，封魏王。保寧二年（970），爲賊所害。本書卷七八有傳。

[6]繼先：蕭繼先（913—970）。【劉注】《秦晉國大長公主墓誌銘》又作"繼遠"。蕭繼先字楊隱，小字留只哥。乾亨初，尚齊國公主，拜駙馬都尉，統和四年，拜北府宰相。自是出師，必將本府兵先從。戰稱捷力。卒，年五十八。本書卷七八有傳。

[7]紹宗：【劉注】原無此二字，據《蕭紹宗墓誌銘》補。

[8]术魯烈：【劉校】據中華點校本校勘記，本書卷八五《蕭撻凜傳》作"术魯列"。

[9]蘭陵郡王：契丹外戚蕭氏封爵。蘭陵郡是蕭氏郡望。戰國置蘭陵縣，在今山東省臨沂市蘭陵縣蘭陵鎮。西晉置蘭陵郡，治丞縣（今山東省棗莊市嶧城區嶧城鎮，在古蘭陵縣西）。此蕭氏與契丹蕭氏並無血緣關係。 撻凜：蕭撻凜（？—1004）。字馳寧，蕭思溫之再從姪。統和二十二年，攻宋，進至澶淵，未接戰，中伏弩卒。本書卷八五有傳。

[10]林牙：契丹官名。掌文翰，相當於翰林學士。 蕭和尚（？—1019）：字洪寧，國舅大父房之後。忠直，多智略。本書卷八六有傳。

[11]北院樞密使：即契丹樞密院之樞密使，爲北面官之最高官職，掌軍事、部族。詳本書卷四五《百官志一》。 革（？—1063）：蕭革，小字滑哥，字胡突堇。契丹外戚，國舅房林牙和尚之子。重熙十二年（1043），爲北院樞密副使。明年，拜北府宰相。十五年，改同知北院樞密事。革怙寵專權，同僚以其奸佞，言用之將敗事，興宗不聽。拜南院樞密使，詔班諸王上，封吳王。道宗即位後，與國舅蕭阿剌同掌朝政。帝訪群臣以時務，阿剌陳利病，言甚激切。革因譖阿剌"有慢上心"。道宗大怒，縊阿剌於殿下。清寧九年（1063）秋，重元之亂，革預其謀，陵遲處死。本書卷一一三有傳。

[12]北院宣徽使：遼朝官名。遼設北、南宣徽，分隸北南樞密院之下。宣徽北院使常執行軍事使命。此外，宣徽使還掌領朝會、宴饗、禮儀、祭祀及御前祗應之事。 特末：蕭特末，蕭和尚之

弟。字何寧。太平中，遷安東軍節度使，有能稱。重熙十年，累遷北院宣徽使。十一年，與劉六符使宋，索十縣故地，宋請增銀、絹十萬兩、疋以易之。歸，稱旨，加同政事門下平章事。復爲北院宣徽使，卒。本書卷八六有傳。據本書卷六五《公主表》另有一蕭特末，大安初，娶道宗第三女越國公主。後爲都統，與金人戰，敗於石輦鐸，被擒。

太祖淳欽皇后父月椀：[1]	阿扎豁只月椀。[2]	北府宰相阿古只。				北府宰相排押。[3]					
世宗懷節皇后父阿古只：[4]						蘭陵郡王恒德。[5]	蘭陵郡王匹敵。[6]				
						東路統軍柳。					

[1]淳欽皇后：遼太祖阿保機皇后述律氏的謚號。遼興宗重熙二十一年（1052）九月追謚。本書卷七一有傳。

[2]阿扎黮只：即阿扎割只。本書卷四五《百官志一》稱其"所掌未詳。遙輦故官，後併樞密院"。

[3]排押：蕭排押（？—1023）。字韓隱，國舅少父房之後。統和初，爲左皮室詳穩。四年（986），破宋將曹彬、米信兵於望都，與樞密使耶律斜軫收復山西所陷城邑。是冬，攻宋，以功改南京統軍使。十三年，歷北、南院宣徽使。十五年，加政事令，遷東京留守。二十二年與宋和議成，爲北府宰相。兩度從聖宗征高麗。卷八八有傳。

[4]世宗懷節皇后：蕭氏，小字撒葛只，淳欽皇后弟阿古只之女。生景宗及萌古公主。察割作亂，遇害。謚曰孝烈皇后。重熙二十一年，更今謚。　阿古只：即蕭阿古只，也即迪里姑，蕭敵魯之弟，均爲阿保機述律皇后之弟。兄弟二人一同爲阿保機掌腹心部。剌葛叛亂，阿古只將其追擒於榆河。本書卷七三有傳。

[5]恒德（？—997）：蕭恒德，字遜寧。國舅少父房之後。蕭排押弟，本書卷八八有傳。

[6]匹敵：蕭匹敵，聖宗時曾任殿前副點檢，與蕭孝穆一同平定大延琳叛亂。本書卷八八有傳。　"蘭陵郡王恒德"至"蘭陵郡王匹敵"：【劉校】據中華點校本校勘記，"按恒德原脱'德'字。匹敵，原誤'恒敵'，並據本書卷八八本傳補正"。

道宗宣懿皇后父惠：[1]				蘭陵郡王某。		齊國王某。	北院樞密使惠。	西北招討使氏奴。[2]		兀古匿。	蒲離不。[3]

[1]道宗宣懿皇后（1040—1075）：小字觀音，欽愛皇后蕭㜞斤弟樞密使蕭惠之女。清寧初年，立爲懿德皇后。生太子濬，有專房之寵。大康元年（1075），宮中婢女單登、教坊朱頂鶴誣告皇后與伶官趙惟一有私情，道宗詔令誅殺趙惟一全族，賜皇后自盡。天祚帝乾統元年（1101），追謚爲宣懿皇后，與道宗合葬永福陵。本書卷七一有傳。　惠：蕭惠（983—1056）。字伯仁，小字脫古思，契丹外戚，淳欽皇后弟阿古只五世孫。初爲國舅詳穩。從伯父排押征高麗，以功，授契丹行宮都部署。開泰二年（1013），改南京統軍使。後爲西北路招討使，封魏國公。興宗即位，知興中府，歷順義軍節度使、東京留守、西南面招討使，加開府儀同三司、檢校太師，兼侍中，封鄭王。重熙六年（1037），復爲契丹行宮都部署，加守太師，徙王趙。拜南院樞密使，更王齊。惠贊成復取三關，與太弟帥師壓宋境，迫使宋朝增歲幣請和。惠以首事功，進王韓。重熙十七年，尚帝姊秦晉國長公主，拜駙馬都尉。本書卷九三有傳。

[2]西北招討使：官名。西北路招討司的軍政長官。西北路招討司又稱西北路都招討司，是遼朝統治漠北屬部的最高軍政機構。

慈氏奴：即蕭慈氏奴（999—1049）。契丹外戚。字寧隱。魏王蕭惠子。重熙十八年（1049）伐夏，授西北路招討都監，領保大軍節度使。中流矢卒。本書卷九三有傳。

[3]"兀古匿"至"蒲離不"：【劉校】據中華點校本校勘記，兀古匿，原誤"乙古匿"，蒲離不，原脫"不"字。"按卷九三《蕭惠傳》：'二子：慈氏奴、兀古匿。'又卷一〇六《蕭蒲離不傳》：'魏國王惠之四世孫，父母蚤喪，鞠于祖父兀古匿。'並據補正。又兀古匿、蒲离不行輩不合，並存原式未移"。

興宗仁懿皇后父孝穆：[1]					國舅詳穩陶瑰。[2]	大丞相孝穆。	北院樞密使阿剌。[3]	趙國王別里剌。	蘭陵郡王酬斡。[4]
							北院宣徽使撒八。[5] 使相撒磨。		
						北院樞密使孝先。[6]		蘭陵郡王得里底。[7]	磨撒。
						北院樞密使孝忠。[8]	南院樞密使阿速。		
						北府宰相孝友。[9]	樞密副使胡覩。[10]		
		宰相撻列。						龍虎衛上將軍忽古。[11]	

							臨海節度使拔剌。[12]		

　　[1]興宗仁懿皇后（？—1076）：蕭氏，小字撻里，欽哀皇后弟孝穆之長女。重熙四年（1035），立爲皇后。二十三年，號貞懿慈和文惠孝敬廣愛崇聖皇后。道宗即位，尊爲皇太后。本書卷七一有傳。　孝穆：蕭孝穆（？—1043）。小字胡獨菫，淳欽皇后弟阿古只五世孫。統和二十八年（1010），累遷西北路招討都監。開泰元年（1012）冬，進軍可敦城。敗阻卜結五群牧長謀叛，拜北府宰相，賜忠穆熙霸功臣，檢校太師，同政事門下平章事。太平九年（1029），平定大延琳謀反，改東京留守，賜佐國功臣。興宗即位，徙王秦，尋復爲南京留守。重熙六年，進封吳國王，拜北院樞密使。十二年，復爲北院樞密使，更王齊，死後追贈大丞相、晉國王，謚曰貞。本書卷八七有傳。

　　[2]詳穩：契丹語音譯詞。官名。遼在元帥府下設大詳穩司。按本書卷一一六《國語解》："詳穩，諸官府監治長官。"【劉注】"詳穩"是音譯的契丹語，契丹語中另有"將軍"則是漢語借詞，二者有所區別。在契丹小字中，"詳穩"作𘲽，"將軍"作𘲽 𘳌，或作𘳌 𘳌、𘳌 𘳌；在契丹大字中，"詳穩"作𘰜 𘰜，"將軍"作𘰜𘰜。

　　[3]阿剌：蕭阿剌。字阿里懶，北院樞密使孝穆之子。幼養宮中，興宗尤愛之。尚聖宗弟隆慶之女秦晉國王公主，拜駙馬都尉。本書卷九〇有傳。

　　[4]酬斡：蕭酬斡（1062—1116）。國舅少父房之後，字訛里本。年十四尚越國公主，拜駙馬都尉。後因皇后蕭坦思（酬斡妹）

失寵，詔酬斡與公主離婚，籍興聖宮，流烏古敵烈部。天慶中，以妹復尊爲太皇太妃，召酬斡爲南女直詳穩，遷征東副統軍。天慶六年（1116），因平定東京高永昌叛而身死。本書卷一〇〇有傳。

[5]撒八：蕭撒八。字周隱。尚景宗女魏國公主，拜駙馬都尉，爲北院宣徽使，仍總知朝廷禮儀。重熙末，出爲西北路招討使、武寧郡王。居官以治稱。清寧初薨，年三十九，追封齊王。本書卷八七有傳。

[6]孝先：蕭孝先（？—1037）。契丹駙馬，娶聖宗女南陽公主。重熙初，曾與太后謀廢立。本書卷八七有傳。

[7]得里底：蕭得里底（？—1122）。字糺鄰，晉王蕭孝先之孫。乾統元年（1101），爲北面林牙、同知北院樞密事，受詔與北院樞密使耶律阿思懲治乙辛餘黨。阿思受賄，多爲乙辛餘黨減輕治罪；得里底也附會阿思的做法。女直初起，得里底阻礙發兵進討。後任北院樞密使，受到天祚信任。保大二年（1122），天祚率衛兵出逃，得里底離開天祚後，爲耶律淳所獲，不食數日而卒。本書卷一〇〇有傳。

[8]孝忠：蕭孝忠（？—1043）。遼駙馬，尚聖宗第三女越國公主，拜駙馬都尉，累遷殿前都點檢。太平中，擢北府宰相。重熙七年，爲東京留守。十二年，入朝，封楚王，拜北院樞密使。本書卷八一有傳。

[9]孝友：蕭孝友（990—1063）。契丹外戚蕭孝穆之弟，字撻不衍，小字陳留。開泰初，以戚屬爲小將軍。太平元年（1021），以大册，加左武衛大將軍、檢校太保，賜名孝友。重熙元年，累遷西北路招討使，封蘭陵郡王。八年，進王陳。十年，加政事令。清寧初，加尚父。後坐子胡覩與重元亂，伏誅，年七十三。本書卷八七有傳。

[10]胡覩：蕭胡覩（？—1063），字乙辛，遼外戚。重熙中，尚秦國長公主，授駙馬都尉，以不諧離婚，復尚齊國公主，爲北面林牙。清寧中，歷北、南院樞密副使，清寧九年（1063）七月，參與耶律重元子涅魯古叛亂，失敗投水死。五子，同日伐誅。本書卷

一一四有傳。【劉注】據中華點校本校勘記，本書卷八七《蕭孝友傳》，子胡覩。可見，胡覩應在孝友之下。

　　[11]龍虎衛上將軍忽古：【劉校】據中華點校本校勘記，"按卷八八《蕭敵烈傳》，'宰相撻烈四世孫'，'族子忽古，弟拔剌'。此脫敵烈，拔剌、忽古行輩亦不合"。

　　[12]臨海：臨海軍。治所在滄州（今河北省滄州市），不在遼境內。

太宗靖安皇后父室魯：[1]		駙馬都尉室魯。							
		勉思。							
		少父房，不知世次：	勞古，[2]聖宗詩友。	南院樞密使朴。[3]					
			中書令乙薛。[4]						
			始平節度使訛都斡。[5]						
			國舅詳穩雙谷。	南京統軍迭里得。[6]黃八。					

[1]靖安皇后（？—935）：蕭氏，遼太宗皇后。淳欽皇后弟室魯之女，小字溫。天顯六年（931）八月庚申，生穆宗。本書卷七一有傳。

[2]勞古：蕭朴之父，國舅少父房之族。以善屬文，爲聖宗詩友。

[3]朴：蕭朴（986—1035）。字延寧，國舅少父房之族，父勞古。太平四年（1024）遷北院樞密使。重熙初，拜東京留守，升南院樞密使。四年（1035），王魏，薨，年五十。贈齊王。本書卷八〇有傳。

[4]中書令：官名。中書省長官。隋、唐以中書令、侍中、尚書令俱爲宰相，但僅存虛名，而以他官之同中書門下平章事者爲宰相之職。遼之中書令亦屬授予勳望卓著者的加官。　乙薛：蕭乙薛（？—1122）。字特免，國舅少父房之後。天慶初年，知國舅詳穩事，轉任殿前副點檢。金朝起兵，爲行軍副都統。以作戰失利，被撤職。十年（1120），金兵攻陷上京，天祚詔令乙薛兼上京留守、東北路統軍使。保大二年（1122），金兵發動大規模進攻，乙薛軍潰敗，降爲西南面招討使。天祚出逃之後，拜乙薛爲殿前都點檢。後被耶律大石所殺。

[5]始平：始平軍。遼州軍號。遼州隸屬東京道，原屬渤海，亦稱北白川州。《武經總要》前集卷一六下《戎狄舊地》：北白川州，遼州，遼縣故地，本朝天禧中契丹建爲州，仍曰始平軍。東至乾州百二十里，西北至宜州四十里，南至海二百里，北至中京五百五十里，北至醫巫閭山八十里。　訛都斡：蕭訛都斡。國舅少父房之後。咸雍中，補牌印郎君。大康三年（1077），樞密使乙辛令護衛太保耶律查剌誣告耶律撒剌等廢立。訛都斡按乙辛旨意，實其事。後與乙辛議論不合，被誅。本書卷一一一有傳。

[6]南京：今北京市。　迭里得：蕭迭里得（？—1063）。字胡覩堇，國舅少父房之後。重熙十九年，以伐夏功命知漢人行宮都部署事，出知西南面招討使。從重元子涅魯古等亂，敗走被擒，伏

誅。本書卷一一四有傳。

聖宗仁德皇后父隗因：[1]		不知房族世次：	隗因。[2]				
		國舅族，不知世次：	國舅郡王高九。[3]	北府宰相术哲。	蘭陵郡王撻不也。[4]		
			漢人行宮都部署韓家。[5]				

[1]聖宗仁德皇后（982—1032）：小字菩薩哥，睿智皇后弟隗因之女。年十二，選入掖庭。統和十九年（1001），冊爲齊天皇后。生皇子二，皆早卒。開泰五年（1016），宮人耨斤生興宗，后養爲子。興宗即位後，耨斤自立爲皇太后並將齊天皇后殺害，死時年五十。追尊仁德皇后。與欽哀並祔永慶陵。【劉注】仁德皇后的母親是韓匡嗣之女。

[2]隗因：按本卷説“隗因不知房族世次”，而本書卷七一《仁德皇后》説“她是睿智皇后弟隗因之女”，亦即是蕭思温（睿智皇后父）的孫女。【劉校】隗因，《韓匡嗣墓誌銘》作“猥恩”。又本卷“北府宰相繼先”欄內稱“思温無嗣，睿智皇后命爲後。”中華點校本校勘記云“隗因爲思温之子”，誤。

[3]國舅、郡王高九：【劉注】據中華點校本校勘記，按卷九

一《蕭术哲傳》，"孝穆弟高九之子"，則高九爲陶隗之子。

[4]撻不也：蕭撻不也（？—1077）。國舅郡王高九之孫，字幹里端。大康元年（1075），爲彰愍宮使，尚趙國公主，拜駙馬都尉。三年，改同知漢人行宮都部署。與北院宣徽使耶律撻不也善，乙辛嫉之，令人誣告謀廢立事。不勝搒掠，誣伏。上引問，昏瞶不能自陳，遂見殺。本書卷九九有傳。

[5]漢人行宮都部署：遼在北南面官系統中，分別設契丹行宮都部署和漢人行宮都部署，其上則有諸行宮都部署。行宮都部署完全是倣中原王朝官制設置的，它不同於專管斡魯朵事務的某宮都部署的宮官。宋朝皇帝巡幸亦有行宮，且亦有行宮都部署之設。後避英宗趙曙名諱，改稱行宮都總管。詳本書卷四七《百官志三》。

		國舅別部，不知世次：	北府宰相只魯。	八世孫，世選北府宰相塔列葛。[1]					
				七世孫臺哂。					
		戚屬，不知世次：[2]	令穩塔列。	總知軍國海璨。[3]	烏古節度圖玉。[4]	南京統軍雙古。[5]	敵烈統軍訛都斡。[6]		

[1]世選：氏族社會遺留下的選任首領和官員的制度，契丹立國初期汗位繼承在形式上仍實行世選。世選與世襲的區別在於：世襲之制即專制時代盛行的嫡長子繼承制，在這種制度下，嫡長子是當然的繼承人。世襲制度下的繼承問題，是皇帝自己的事情，不容許他人介入；世選之制則不同，在這種制度下，有權勢、地位的貴族們介入確定汗位繼承人之事，由他們在可汗的兄弟子侄中量才推選繼承人。這種“世選”制度不僅存在於契丹社會中，在這一發展階段上的各個民族，無不如此。　塔列葛：蕭塔列葛，契丹五院部人。八世祖以功爲北府宰相，世預其選。塔列葛仕開泰間，累遷西南面招討使。重熙十二年，改右夷离畢、同知南京留守，轉左夷离畢，俄授東京留守，以世選爲北府宰相，卒。本書卷八五有傳。“北府宰相只魯”至“塔列葛”：【劉校】據中華點校本校勘記，“按卷八五《蕭塔列葛傳》：‘八世祖只魯，遙輦氏時嘗爲虞人。唐安禄山来攻，只魯戰于黑山之陽，敗之，以功爲北府宰相，世預其選。’又《紀》重熙十九年十二月，以東京留守蕭塔列葛爲北府宰相。是年距安禄山来攻，三百餘年，八世似不合。又卷九〇《蕭塔剌葛傳》：‘太祖时坐叔祖臺晒謀殺于越釋魯，没入弘義宮，世宗即位，以舅氏故，出其籍，補國舅別部敞史。’塔剌葛爲臺晒孫輩，仕世宗朝，塔列葛僅次臺晒一輩，仕興宗朝，亦不合”。

[2]令穩：據本書卷三三《營衛志下·部族下》“太祖更諸部夷离菫爲令穩。統和中，又改節度使”。

[3]海璆：蕭海璆（918—967）。字寅的晒，其先遙輦氏時爲本部夷离菫；父塔列，天顯間爲本部令穩。天禄間，娶明王安端女謁因翁主。應曆初，察割亂，謁因連坐，繼娶嘲瑰翁主。上以近戚，嘉其勤篤，命預北府宰相選。頃之，總知軍國事。本書卷七八有傳。

[4]烏古：部族名。又稱嫗厥律、于厥律，居契丹西北。據《新五代史》卷七三《四夷附録第二》：“嫗厥律，其人長大，髡頭，酋長全其髮，盛以紫囊。地苦寒，水出大魚，契丹仰食。又多黑、

白、黄貂鼠皮，北方諸國皆仰足。其人最勇，鄰國不敢侵。" 圖玉：蕭圖玉，字兀衍，北府宰相海璨之子。統和初，皇太后稱制，以戚屬入侍。尋爲烏古部都監。後遷烏古部節度使。十九年（1001），總領西北路軍事。尚金鄉公主，拜駙馬都尉，加同政事令門下平章事。本書卷九三有傳。

[5]雙古：【劉注】契丹語小名的音譯。據《蕭興言墓誌銘》，他還有漢名"恭"。墓誌稱"皇考諱恭，北宰相兼侍中、燕京都統軍"。

[6]敵烈：遼金時北邊族名。又譯迪烈、敵烈德、迭烈德、達里底。遼時以遊牧、捕獵爲業，分佈於臚朐河（今克魯倫河）流域。有八部，稱爲八部敵烈或八石烈敵烈。與烏古部並稱爲北邊大部。遼聖宗以敵烈部降人置迭魯敵烈部和北敵烈部。開泰四年（1015），築董城於臚朐河北，安置敵烈、烏古降人。壽昌二年（1096），徙敵烈、烏古於烏納水西。金末元初，敵烈人逐漸同化於女真人、蒙古人。 訛都斡（1032—1087）：【劉注】本書卷九三《蕭圖玉傳》又作"訛篤斡"，爲同一個契丹語小名的不同音譯。據《蕭興言墓誌銘》，他還有漢名"興言"。"清寧間，以其性賦雄毅，承祖之廕，實於宿直禁衛之列，次授宮使。時年二十七。因迪烈子叛，上以公世鎮西北隅，特簡授遙郡節度使，利用討伐。公既承命，止率人騎五十入其境，會彼首領，説而質其子。由是不破一甲而和焉。復還所虜人物。是歲從貢。改詳穩司爲統軍司，復授三十萬兵統軍使。"其生平詳載《蕭興言墓誌銘》。

（李錫厚注　劉鳳翥校）

遼史　卷六八

表第六

遊幸表

　　朔漠以畜牧射獵爲業，猶漢人之劭農，生生之資於是乎出。自遼有國，建立五京，置南、北院，控制諸夏，而遊田之習，尚因其舊。太祖經營四方，有所不暇；穆宗、天祚之世，史不勝書。今援司馬遷别書“封禪”例，[1]列于表，觀者固足以鑒云。作《遊幸表》。

　　[1]司馬遷别書“封禪”：《史記》有《封禪書》，記載帝王於泰山封禪的經歷。《史記正義》解釋封禪曰：“此泰山上築土爲壇以祭天，報天之功，故曰‘封’；此泰山下、小山上除地，報地之功，故曰‘禪’。言禪者，神之也。《白虎通》云：‘或曰封者，金泥銀繩，或曰石泥金繩，封之印璽也。’《五經通義》云：‘易姓而王，致太平，必封泰山、禪梁父。荷天命以爲王，使理羣生，告太平於天，報羣神之功。’”

	正月	二月	三月	四月	五月	六月	七月	八月	九月	十月	十一月	十二月
太祖七年[1]							次烏林河觀漁。					
九年						射野馬於漠北。[2]						
神册四年。[3]	射虎于東山。[4]											幸遼陽故城。[5]
五年					射龍於拽剌山陽水上，其龍一角，尾長足							

					短,身長五尺,舌二尺有半,勑藏內庫。[6]					

[1] 太祖:【劉校】據中華修訂本校勘記,“此二字原置於上欄空格內,今據文例移置於此。又據本書卷六九《部族表》及和卷七〇《屬國表》例,上欄內當有‘紀年’二字”。

[2] 漠北:中國北方大沙漠以北。《後漢書》卷八〇上《杜篤傳》說衛青等“席捲漠北,叩勒祁連”。李賢注:“漠,沙漠也;祁連,匈奴中山名也。叩,擊也;勒,謂銜勒也。”

[3] 神册:遼太祖耶律阿保機年號(916—922)。

[4] 東山:據本書卷三八《地理志二·東京道》,東梁河自東山西流,與渾河合爲小口,會遼河入於海,又名太子河,亦曰大梁水。由此可知東山應在今瀋陽東。

[5] 遼陽故城:在今遼寧省遼陽市。【劉校】據中華點校本校勘記,(神册四年十二月)幸遼陽故城,依本書卷一《太祖本紀上》載,此事繫於神册三年十二月。

[6] 內庫:將內庫視爲供皇帝私費的的藏庫,始於唐玄宗。《舊唐書》卷一〇五《王鉷傳》載:“玄宗在位多載,妃御承恩多賞賜,不欲頻於左右藏取之。鉷探旨意,歲進錢寶百億萬,便貯於內庫,以恣主恩錫賚。”至德宗時,內庫幾成人君私積。《唐會要》

卷五九載："國家舊制，天下財賦皆納於左庫藏……及第五琦爲度支鹽鐵使，時京師多豪將，求取無節，琦不能禁，乃悉以租賦進入太盈内庫，以中人主之。意天子以取給爲便，故不復出，是以天下公賦爲人君私積，有司不得窺其多少，國用不能計其贏縮。"

天贊二年[1]	如平州。[2]								
三年						次回鶻城。[3] 獵于野鳥篤斡山。[4] 幸回鶻城。獵于西河石堰，得白兔。觀漁烏魯古河。			

天顯元年[5]		幸天福城。[6]						
太宗四年	獵于潢河。[7]	獵于近地。		如涼陘。[8]			出獵，獲虎。	
五年		蒐于近淀。[9]		射柳。[10]如沿柳湖。				
六年	獵于近山，獲虎。		觀銀冶。射柳。			障鷹于近山。		

［1］天贊：遼太祖年號（922—926）。

［2］平州：唐置，治所在今河北省盧龍縣。

［3］回鶻城：即本書卷三〇《天祚本紀·大石傳》所記之卜古罕城。其地當在今蒙古國鄂爾渾河上游左岸哈喇八喇哈孫。

［4］野鳥篤斡山：【劉校】原本和殿本作"野鳥篤斡山"，南監本、北監本、明抄本作"野烏篤斡山"。中華點校本及修訂本徑改"鳥"爲"烏"。

[5]天顯：遼太祖耶律阿保機年號（天顯元年遼太宗耶律德光即位而未改元，926—938）。

[6]天福城：即渤海上京龍泉府，今黑龍江省寧安市渤海鎮。後來東丹國遷遼陽，東京遼陽亦稱天福城。

[7]潢河：河流名。今内蒙古自治區境内的西拉木倫河。

[8]涼陘：遼帝夏季納涼處。遼、金、元皇帝夏季都到涼陘納涼、狩獵。

[9]蒐：即春蒐，古代帝王春獵。

[10]射柳：遼朝的一種禮儀。《長編》卷一一〇宋仁宗天聖九年（1031）六月丁丑載：契丹“每謁木葉山即射柳枝，諢子唱番歌，前導彈胡琴和之，已事而罷”。此外，祈雨也射柳。金初接待宋使，亦以射柳作爲一種遊樂項目，元朝、明朝也有此類活動。

七年			是春，蒐于潢水之曲。[1]								獵于小滿得山。
九年				射柳。							
十年			蒐于滿德湖。				如金瓶濼[2]。				
十一年				射柳。							
十二年				射柳。							

會同元年。[3]		射虎于松山。[4]	觀伐木。						
三年[5]	獵于盤山。			獵于炭山。[6]					
六年				障鷹于合不剌山。					
七年				障鷹於炭山。					
九年		釣魚于土河。[7]	射柳。						

[1]潢水：即潢河。今西拉木淪河。

[2]如金瓶濼：【劉校】據中華點校本校勘記，（九月）如金瓶濼，依本書卷三《太宗本紀上》載，此事繫在十二月。

[3]會同：遼太宗年號（938—947）。

[4]松山：山名。在今内蒙古自治區赤峰市松山區。【劉校】據中華點校本校勘記，（三月）射虎於松山，依本書卷四《太宗本紀下》載，此事繫在二月。

[5]三年：【劉校】據中華修訂本校勘記，“南監本、北監本同。明抄本、殿本作‘二年’。按是年二月‘獵於盤山’、七月‘獵於炭山’兩事，本書《太宗紀》無考”。

　　[6]炭山：山名。據《新五代史》卷七二《四夷附録第一》：
“漢城在炭山東南灤河上，有鹽鐵之利，乃後魏滑鹽縣也。其地可
植五穀，阿保機率漢人耕種，爲治城郭、邑屋、廛市如幽州制度，
漢人安之，不復思歸。”另據本書卷四一《地理志五·西京道》，
炭山在歸化州（武州，即今河北省張家口市宣化區）。

　　[7]土河：即老哈河，流經今内蒙古自治區東部赤峰地區，與
西拉木淪河匯合，爲西遼河。　　釣魚：【劉校】原本作“釣魚”，
明抄本、南監本、北監本、殿本同。中華點校本、修訂本均作“鈎
魚”。

世宗天禄五年。[1]					如太液谷，留飲三日。			
穆宗應曆三年。[2]				障鷹于輖山。獵于衵羊山。	障鷹于圍鹿峪。			
四年	獵于郭里山。				障鷹于白羊山。			
五年						獵于西山。		

年									
六年						擊鞠。[3]	與群臣水上擊髀石爲戲。		
七年			射柳。	射柳。					獵于赤山獵于拽剌山。[4]
八年				獵赤山。					
九年	獵于鹿㟆南林。	獵于白鷹山。	射鹿于鳳凰門下。[5]	射鹿於近山,迄于九月。					獵于黑山。[6]

　　[1]天禄：遼世宗年號（947—951）。【劉校】原無"天禄"二字，據體例補。

　　[2]應曆：遼穆宗年號（951—969）。

　　[3]擊鞠：即打馬球，是當時流行的競技活動。因爲參賽者都在馬上擊球，奔馳的快馬有時會失控，因此具有一定的危險性。今内蒙

古自治區敖漢旗皮匠溝 1 號遼墓墓門西側的穹隆頂下部，有一幅打馬球圖。現存寬 180、高 50 釐米。畫面有多處剝落，但大體可辨。

[4]赤山、拽剌山：均在遼上京西北部。據本書卷三七《地理志一·慶州》，"在州西二十里。有黑山、赤山、太保山、老翁嶺、饅頭山、興國湖、轄失濼、黑河"。遼慶州城址在今內蒙古自治區巴林右旗索博日嘎鎮。

[5]鳳凰門：在遼慶州境內或其附近。

[6]黑山：本書卷三二《營衛志中》載，"黑山在慶州北十三里，上有池，池中有金蓮"。黑山近慶陵，故"道宗每歲先幸黑山，拜聖宗、興宗陵，賞金蓮，乃幸子河避暑"。黑山即今內蒙古自治區巴林右旗北罕山。

十年		獵于圖不得泉。如裏潭獵于成吉得井。		射舐鹹鹿于鳳凰門。[1]		次三石嶺，呼鹿射之。				獵于天梯山。[2]
十一年			射鹿于遙斯嶺。		射鹿于赤山。射柳。					

十二年	獵于蘇隱山。			是夏，射舐鹹鹿于玉山。[3]					
十三年	丁卯夜，觀燈。	獵，多獲鴈鴨。還宮，飲至終夜。自是，晝出夜飲，迄于月終。	射柳。	是夏，獵于玉山。		登高，以南唐所貢菊花酒賜群臣。是秋，射鹿於黑山、拽刺山。			獵于三嶺。

年											
十四年		如潢河。		獵于玉山。射臥鹿于白嶺山。	射舐鹹鹿于葛德泉。	射舐鹹鹿于赤山，呼鹿射之。					幸樞密使蕭護思第。[4]
十五年								是秋，獵于黑山。			獵于七鷹山。
十六年	擊鞠。			以野鹿入馴鹿群，觀之，飲至竟日。[5]		獵于玉山。					
十七年		如潢河。		駐蹕于裹潭。							獵于碙觜嶺。

十八年	幸太師女古第，宴飲終夜。	如裹潭。			避暑于裹潭。	射鹿于近山，三旬而返。	以菊花酒飲從臣。獵熊。	射鹿于皇威嶺。復射鹿、射虒。	射鹿于皇威嶺。
十九年		幸鹿囿飲酒。至暮，幸五坊。							

[1]射舐鹹鹿：【劉校】原本脱“舐”字，明抄本、南監本、北監本、殿本同。據中華點校本補。

[2]天梯山：在遼慶州境内或其附近。

[3]玉山：在遼慶州境内或其附近。

[4]樞密使：官名。樞密院之首長。遼有北、南樞密院，爲遼朝的實際宰輔機構，分别爲北、南面官的首腦機構。北樞密院又稱契丹樞密院，掌軍事、部族。南樞密院又稱漢人樞密院，掌漢人州縣之事。

[5]以野鹿入馴鹿群，觀之，飲至竟日：【劉校】據中華點校本校勘記，依本書卷七《穆宗本紀下》載，此事繋在閏八月而非四月。

景宗保寧元年[1]							如秋山。[2]		漁于赤山濼。		
二年					是夏，幸塌母城，[3] 進幸東京。[4]						
三年				射柳。		如沿柳湖。	射鴨于惠民湖。獵于平地松林。[5] 獵于遼河之源。[6]	獵于胡土白山。幸于越質第。[7]	駐蹕于蒲瑰汃。[8]		
四年					觀從臣射柳。	射柳。					

五年	如神得湖。如應州。[9]					駐蹕于歸化州西硬坡。[10]		
六年			幸冰井。					
七年	如查懶淀。							

[1]保寧：遼景宗年號（969—979）。

[2]秋山：即秋捺鉢，主要活動是狩獵。聖宗以後，其主要地點是在慶州（今内蒙古自治區巴林右旗索博日嘎鎮）西部諸山。

[3]塌母城：本書卷四六《百官志二》：遼有塌母城節度使司，屬西北路諸司，故塌母城當在西北部。

[4]東京：遼五京之一。治所在今遼寧省遼陽市。

[5]平地松林：遼上京地區的平原。《新五代史》卷七三《四夷附録第二》引胡嶠《陷虜記》載：“自上京東去四十里，至真珠寨，始食菜。明日，東行，地勢漸高，西望平地松林鬱然數十里。遂入平川。”

[6]遼河：發源於今内蒙古自治區境内，流經遼寧省後入渤海。

[7]于越：契丹語官名。爲契丹貴官，非有大功德者不授。位在北、南大王之上。　屋質：耶律屋質（917—973）。遼宗室，字敵輦，會同間，爲惕隱。太宗死後，世宗初立，屋質調解太后與世宗的矛盾，得以避免大規模内戰。天禄二年（948），助世宗挫敗天德、蕭翰等謀反。三年，又表列泰寧王察割陰謀事，世宗不聽。後平定察割之亂及立穆宗，皆有功。本書卷七七有傳。

[8]駐蹕于蒲瑰汊：【劉校】原本作"汊"，明抄本、南監本、北監本、殿本均作"坂"，中華點校本作"阪"，中華修訂本作"坂"。

[9]應州：治所在今山西省應縣。

[10]歸化州：即武州，治所在今河北省張家口市宣化區。【劉注】據中華修訂本校勘記，（九月）駐蹕於歸化州西硬坡，本書卷八《景宗紀上》繫此事於十二月。

八年	如金瓶濼。						如長濼。[1]	
九年	如鹿嵎。						如老翁川。[2] 鈎魚于赤山濼。	
十年		獵于頡山。復如長濼。				獵于赤山。	漁于裹潭。	
乾亨元年。[3]	觀燈于市。		幸惠民湖。		幸冰井。		

年									
二年	閏月，如南京賞牡丹。[4] 西幸。								如蒲瑰坂。[5] 獵于檀州之南。[6]
三年	放鶻于溫泉南。	幸羊城濼。			獵于炭山。				
四年						獵于炭山。			

　　[1] 長濼：遼時湖泊名又作長泊，亦稱魚兒濼，是遼春捺鉢的地點，在長春州境内。宋大中祥符六年（遼開泰二年，1013），晁迥使遼，回來後向宋廷報告此行至長泊所見遼帝四時捺鉢活動的情况。

　　[2] 如老翁川：【劉校】“川”原本誤作“州”，明抄本、南監本、北監本和殿本均作“川”。中華點校本、修訂本徑改。今據改。本卷以下多處如是，不一一出校。

　　[3] 乾亨：遼景宗年號（979—983）。

　　[4] 南京：今北京市。

　　[5] 蒲瑰坂：【劉校】本書本卷保寧三年（971）十月作“蒲瑰汲”。

[6]檀州：治所在今北京市密雲區。

聖宗統和元年。[1]			從禽于近川，獲六鵐。幸甘露等寺。駐蹕長濼。又駐蹕于閣甸旁山。獵于殺㿹甸，大獲鹿豕。	幸興王寺。獵于益馬里坂。			獵于黑山。	駐蹕于老翁川。[2]	鈎魚于近川。
二年	幸近地。	如潢河	獵于山榆甸。				幸鵝山觀障鷹。獵于嶺右。		

[1] 統和：遼聖宗年號（983—1012）。

[2] 駐蹕於老翁川：【劉校】據中華修訂本校勘記，（十月）駐蹕於老翁川，本書卷一〇《聖宗紀一》繫此事於統和元年九月。

三年					次庫骨水山障鷹。畋于赤山。	障鷹于斜軫山。擊鞠。獵于赤山。	渡怕里水，觀海。		獵于東古山。[1]
四年	觀漁于新灣。獵于謁懶甸。			如炭山清暑。獵于燕山。		障鷹于炭山。獵于炭山。獵于畫達剌山。	獵于畫達剌山。駐蹕白楊嶺。	幸齊國公主第宴。[2]	

五年	幸潞縣西，[3]放鶻，擒鵝。	北幸，趣没打河避暑。		沿東山行獵。					
六年		幸延壽、延洪二寺，及秦國長公主第。[4]		觀鹿于炭山。幸黎園、溫湯。	射鹿于近山。駐蹕赤城南。				獵於沙河。[5]

　　[1]獵于東古山：【劉校】據中華修訂本校勘記，（十一月）獵于東古山，本書卷一〇《聖宗紀一》繫此事於閏九月。

　　[2]齊國公主：景宗長女觀音女。睿智皇后生。封魏國公主，進封齊國。興宗時封燕國大長公主。下嫁北府宰相蕭繼先。曾受賜奴婢萬口。

　　[3]潞縣：後晉縣名。遼因之，金升爲通州，今北京市通州區。

　　[4]秦國長公主：聖宗之女巖母堇，欽哀皇后生。開泰七年（1018），封魏國公主，進封秦國長公主，改封秦晉國長公主。清寧初，加大長公主。下嫁蕭啜不，不諧，離異；改適蕭海里，不諧，離之；再適蕭胡覩，不諧，又離之，乃適韓國王蕭惠。

[5]沙河：在今河北省定州市南。源發於今山西繁峙東白坡頭口，經河北曲陽入新樂，又東經定州境而入安國縣（古稱祁州）。

七年		擊鞠。	擊鞠。獵于新西道東。	射熊于虎特嶺。[1]	幸秦國公主第。	障鷹于花山。幸秦國公主第。				獵于薊州之南甸。[2]釣魚于曲水濼。
八年		幸盤山諸寺。獵西括折山。								
九年	如曲水濼。					獵于盤道嶺。獵于炭山。				
十年				射鹿于湯山。			射鹿于蔚州南山。[3]	射熊于紫荊口。		

1771

年									
十一年	幸延芳淀。[4]								
十二年			如炭山清暑。[5]			獵于東山。	獵于宰相山。獵于黑河南山。[6]	漁于潞縣西灤。	獵于順州西甸。[7]

[1]射熊于虎特嶺：【劉校】“熊”原誤“能”，明抄本、南監本、北監本和殿本均作“熊”。中華點校本、修訂本徑改。今從。

[2]薊州：治所在今天津市薊州區。【劉校】“薊”原誤“蘇”，明抄本、南監本、北監本和殿本均作“熊”。中華點校本、修訂本徑改。今從。

[3]蔚州：治所在今河北省蔚縣。

[4]延芳淀：在今北京通州西。遼時廣數百畝，中多菱芡、鵝雁之屬。每春季則弋獵於此。

[5]如炭山清暑：【劉校】據中華點校本校勘記，（四月）如炭山清暑，依本書卷一三《聖宗本紀四》載，此事繫在五月。

[6]黑河：河流名。據本書卷三七《地理志一·慶州》，“在州西二十里。有黑山、赤山、太保山、老翁嶺、饅頭山、興國湖、轄失灤、黑河”。【劉注】遼代黑河即發源於今内蒙古自治區巴林右旗索博日嘎鎮埋王溝的查干沐淪（蒙古語“白”的音譯）河。清代忌諱“黑”，故改稱黑河爲白河。

[7]順州：治所在今北京市順義區。

年次									
十三年		幸延芳淀。[1]					幸大王川。		
十四年	幸延芳淀。			擊鞠。					
十五年			幸延壽寺。			如秋山。			
十六年				獵于平地松林。					
十七年						獵于諸山。			
十九年		獵于崖頭川。	如高林嶋。		觀市。	駐蹕于昌平。幸南京。[2]			漁于崖頭川。漁于閭崖。
二十年						獵于平地松林。	叉魚于遼河。		

二十一年				觀市。			獵于田里不魯斡。	鈎魚于周河。	

　[1]幸延芳淀：【劉校】據中華點校本校勘記，（二月）幸延芳淀，依本書卷一三《聖宗本紀四》載，此事繫在正月。

　[2]昌平：今北京市昌平區。【劉校】據中華點校本校勘記，（八月）駐蹕于昌平，幸南京，依本書卷一四《聖宗本紀五》載，在九月。

二十二年						獵于裹古狘。			
二十三年				獵于抹特凜谷。	獵于畫盧打山。獵于奴穆真峪。獵于吾魯真		獵于孩里迭扎剌。獵于虎特嶺。	獵于桑乾河。[1]	

					峪。獵于野葛嶺。獵于沙渚卷峪。獵于括只阿剌阿里山。獵于青林川，射熊，獲之。					
二十八年						幸榆林湯泉。				

[1]桑乾河：位於今河北省西北部和山西省北部朔州市朔城區南河灣一帶。上源爲山西省的元子河與恢河，兩河匯合於朔州附近，匯合後稱桑乾河，是永定河的上游，也是海河的重要支流。

年									
二十九年					獵于沙嶺。				
三十年開泰元年[1]	獵于賈曷魯林。幸興王寺。		捕魚于排得述魯濼。	幸上京。[2]			幸中京。[3]		
二年	獵于阿里濼。如薩堤濼。				獵于永安山。[4]障鷹于緬山。畋于陷嶺。	獵于赤山。	鈎魚于長濼。		
三年	觀漁于瓊泥濼。	觀漁于三樹濼。弋鵝于薩堤濼。							
四年	獵于沙阜。獵于鍋林。		獵于牛山。獵于直舍山。						

五年				獵于渾河之西。[5]					

　　[1]開泰:遼聖宗年號(1012—1021)。　三十年開泰元年:【劉校】據中華點校本校勘記,依本書卷一五《聖宗本紀六》載,統和三十年(1012)九月改元開泰。"原誤分二欄,據《紀》改正"。

　　[2]上京:遼前期都城。稱臨潢府,今内蒙古自治區巴林左旗林東鎮波羅城。

　　[3]中京:稱大定府,故址在今内蒙古自治區寧城縣大明鎮。

　　[4]永安山:在今内蒙古自治區東部西拉木倫河與老哈河匯合處。

　　[5]渾河:即桑乾河。以其水渾濁,故名。

六年				獵于狼林東。觀漁于蓮花濼。獵于殺羊堝。					

七年		如三樹濼。							
八年	如渾河。	獵于雪林。獵于石底水。	獵于樺山。獵于淺嶺山。獵于涅烈山。獵于跋恩山。	如秋山。障鷹于緬山。	獵於近甸。			幸中京。	幸開泰寺宴飲。[1] 幸秦晉長公主第作藏鬮宴。[2] 幸開泰寺。[3]

[1]開泰寺：燕京佛寺名。據《長編》卷七九引王曾《上契丹事》："開泰寺，魏王耶律漢寧造。"

[2]藏鬮宴：藏鬮，俗稱"抓鬮"。宋人洪邁《夷堅志》丁卷七《蕪湖龍祠》："紹熙五年春，江西安撫司將官林應趾。部豫章米綱往金陵，抵蕪湖。内一舟最大，所載千斛。中夜忽漏作，水入如湧，舟中之人惶窘無計。林具衣冠謁龍祠，拜禱曰：'應趾以貧爲此役，今若是，將大有損失，何力以償？勢須盡徙出，又非倉卒可辦。舟有七倉，輒用甲乙次敘。書七鬮，以卜所向，願大神威靈，曲垂昭告。'遂得第二鬮，未及搬運而漏自止。"

[3]幸開泰寺：【劉校】據中華點校本校勘記，"設非重出，應是再至"。

九年	獵于馬盂山。[1]		如大魚濼。			獵于果里白山。獵于崖頭川。獵于蕎山。獵于榆林。射喚鹿于侯勒水灘。射喚鹿于鐵里必山。獵于遼河之源。	獵於松山，獵于黑山。	觀漁于沙濼。		

表第六

遊幸表

太平元年[2]			獵于渾河山。		獵于鵁子山。障鷹于只舍山。	獵于馬盂山。			
三年	觀漁于鴨淥江。[3]	駐蹕于魚兒濼。[4]	飛放于撻魯河。[5]						
四年		如魚兒濼。	飛放于長春河。		獵于平地松林。	射兔于平川。			

[1]馬盂山：【劉注】因其形狀像馬盂而得名。即今河北省平泉市柳溪鎮上卧鋪村之北的光頭山，亦稱光禿山和光禿嶺。

[2]太平：遼聖宗年號（1021—1031）。

[3]鴨淥江：即今鴨綠江。

[4]魚兒濼：又稱長濼、長泊，在長春州西北部。長春州治所在今吉林省前郭爾羅斯蒙古族自治縣塔虎城遺址。

[5]撻魯河：聖宗太平四年（1024）二月詔改撻魯河爲長春河，位近魚兒濼。

五年			獵黑嶺。西至銅河。			獵于檀州北山。射兔于平川。		
六年			避暑于永安山之涼陘。		獵于狼河。[1]			
七年	如長春河飛放。				獵于黑嶺。			
八年	鈎魚、弋鵝于長春河。				駕至遼河源獵。			
九年			獵于陘山。					
十年					獵于沙嶺。	獵于平地松林。		

興宗景福元年[2]						幸楚姑公主帳。[3] 幸皇姊涅木衮第。[4]				幸樞密延寧第。

　　[1]狼河：河流名。其址不詳。今内蒙古自治區境内陰山山脉西段名“狼山”，“狼河”或許與此山相鄰。

　　[2]景福：遼興宗年號（1031—1032）。

　　[3]楚姑公主：【劉校】原本“姑”，明抄本、南監本、北監本、殿本同。中華修訂本仍作“姑”。唯獨中華點校本改作“國”，未出校記。“楚姑”應爲人名，即本書卷六五《公主表》中的聖宗第三女槊古。

　　[4]皇姊涅木衮：與本書卷一七《聖宗本紀》太平七年（1027）七月庚子詔諭的公主粘米衮，卷六五《公主表》中的聖宗第二女巖母堇是同一人，亦即秦國長公主。

重熙元年[1]			清暑于別輦斗。	駐蹕于別嶺甸。	障鷹于習禮吉山。	駐蹕于遼河上源。	獵于習禮吉山。獵于牛山。	幸中京。	

三年	東幸。	射柳。			駐蹕于永安山。	東幸。射鹿。				
四年	東幸。			獵于娥兒山。						
五年	獵于平地松林。				釣魚于赤頂濼。次五鵠部,弋獵飲酒。	擊鞠。放海東青鶻于葦濼。[2]擊鞠。	如秋山。獵于炭山之側。	獵于沙山。		

六年	獵于鴛鴦濼。[3]	獵于野狐嶺。			擊鞠。幸于北護衛太保耶律合住帳,[4] 賜物,歡飲。	幸蕭孝穆第,醉飲。[5]	射鹿于耶里山。			擊鞠。	幸晉國公主行帳。[6]

[1]重熙：遼興宗年號（1032—1055）。

[2]海東青鶻：猛禽，能擊殺天鵝。渤海國故地以東大海盛産珍珠，天鵝食蚌，珍珠藏於蚌嗉内。契丹人放出海東青鶻擊殺天鵝，獲取珍珠。

[3]鴛鴦濼：湖名。在今北京市延慶區境内。舊時周八十里。其水停積不流，自遼金以來，爲飛放之所。

[4]幸于北護衛太保耶律合住帳：【劉校】"幸"原本誤作"華"；"護"原本誤作"獲"，明抄本、南監本、北監本、殿本均不誤。中華點校本及修訂本徑改。今從改。　耶律合住：字粘衮，太祖弟迭剌之孫。本書卷八六有傳。

[5]蕭孝穆（？—1043）：小字胡獨菫，淳欽皇后弟阿古只五世孫。統和二十八年（1010），累遷西北路招討都監。開泰元年（1012）冬，進軍可敦城。敗阻卜結五群牧長謀叛，拜北府宰相，賜忠穆熙霸功臣，檢校太師，同政事門下平章事。太平九年

（1029），平定大延琳謀反，改東京留守，賜佐國功臣。興宗即位，
徙王秦，尋復爲南京留守。重熙六年（1037），進封吳國王，拜北
院樞密使。十二年，復爲北院樞密使，更王齊，死後追贈大丞相、
晉國王，謚曰貞。本書卷八七有傳。

　　[6]晉國公主：本書卷一八《興宗本紀一》亦載：重熙六年十
一月“庚申，幸晉國公主行帳視疾”。聖宗欽哀皇后所生的槊古，
封越國公主，進封晉國。景福初，封晉蜀國長公主。清寧初，加大
長公主。下嫁蕭孝忠，以疾薨。

七年			射柳。獵金山。		擊鞠。射麕鹿于轄剌罷。[1]射虎于束剌山。獵于頗羅扎不葛。	射鹿于麀子嶺。獵于娥兒山。	擊鞠。[2]	幸佛寺受戒。
八年	叉魚于冶河。[3]	獵於武清寨之葦甸。					擊鞠。	閏月，擊鞠。

九年						獵，至于月終。駐蹕于永安山清暑。[4]		觀漁于混同江。[5]飛放于韶陽軍。	駐蹕于永安山。
十年						射虎于醫巫閭山。[6]幸外祖母齊國太妃之帳。[7]	獵于敝都。	獵于烽臺山，親射虎，立斃。	
十一年	幸牛山濼。	如赤蝸濼。				閏月，幸南京，宴于皇太弟重元			幸延壽寺飯僧。詔宋使觀擊鞠。

							第， [8] 泛舟于臨水殿宴飲。		
十二年							幸慶州諸寺焚香。 [9] 獵于拽剌山。獵于永安山。		

　　[1]射麇鹿于轄剌罷：【劉校】麇鹿，原本、北監本作“鹿鹿”，明抄本、殿本作“麇鹿”，中華點校本及修訂本徑改。今從改。

　　[2]（十月）擊鞠：【劉校】“擊鞠”二字原闕，中華修訂本據明抄本、南監本、北監本、殿本補。中華點校本徑補。今從。

　　[3]叉魚于冶河：【劉校】原本“冶”，明抄本、南監本、北監本、殿本均作“治”，中華點校本和修訂本據此徑改，非是。

　　[4]駐蹕于永安山清暑：【劉校】據中華點校本校勘記，（四月）駐蹕于永安山清暑，依本書卷一八《興宗本紀一》載，此事繫在五月。此因上文連敘。

［5］混同江：即松花江。

［6］醫巫閭山：遼西地區的名山。位於今遼寧省北鎮市。

［7］齊國太妃：據本書卷七一《欽哀皇后傳》，興宗即位，其母欽哀皇后初攝政，"追封曾祖爲蘭陵郡王，父爲齊國王，諸弟皆王之"。故興宗稱其外祖母爲"齊國太妃"。

［8］重元（1021—1063）：本名宗元，因避興宗諱，改重元，小字孛吉只，亦作孛己只，聖宗次子。太平三年（1023），封秦國王。聖宗死後，欽愛皇后稱制，曾密謀立重元。重元以所謀告於興宗，封爲皇太弟。賜以金券誓書。道宗即位，冊爲皇太叔，爲天下兵馬大元帥，復賜金券。清寧九年（1063），與其子涅魯古謀亂，失敗自殺。本書卷一一二有傳。

［9］慶州：治所故址在今内蒙古自治區巴林右旗幸福之路蘇木崗根嘎查。

十三年				射鹿于拜馬山。			獵于陰山。[1]		
十四年					獵于黑嶺。	獵于平川。			
十五年	如魚兒濼。			射鹿于淺林山。	南府宰相杜防生男，[2]幸其居。觀獲。	幸秦國長公主帳。			

十六年					射鹿于訛魯古只山。		觀市。擊鞠。射鹿于都里也剌。幸慶州諸寺焚香。障鷹于直舍山。	障鷹于霞列山。射鹿于擊輪山。[3]		觀擊鞠。	幸興王寺拜佛。	
十九年					獵于分金山。	獵于烏里嶺。	幸鷹坊使頗得帳。	射熊于甓巫間山。	射鹿于索阿不山。		獵于不野山	

[1]陰山：昆侖山的西北支。西起河套西北，向東綿亘於今内蒙、河北等省區，與内興安嶺相接。該山脈隨地易名，此所謂"陰山"，可能是指内蒙境内的大青山。

[2]南府宰相：契丹部族官名。契丹可汗之下有北、南二府，各部族則分屬二府，故北宰相亦稱北府宰相，南宰相亦稱南府宰相。　杜防：涿州歸義縣人。開泰五年（1016），擢進士甲科，累遷起居郎、知制誥。太平中，遷政事舍人，拜樞密副使。重熙十三年（1044），拜南府宰相。道宗清寧間拜右丞相，加尚父，卒。本書卷八六有傳。

[3]射鹿于擊輪山：【劉校】據中華點校本校勘記，依本書卷一九《興宗本紀二》重熙十六年九月作"繫輪山"。

二十年		如多樹濼。						
二十一年			獵于涼陘諸山。	擊鞠。觀市。幸聖濟寺。	幸温湯。射虎于猪山。[1]	射鹿于黑山。獵于玉山。獵于白鷹山。	觀燈。	觀擊鞠。獵于柳河。[2] 獵于平頂山。[3]
二十二年	獵于黑林。		射熊于曷朗底。	射鹿于門嶺。		駐蹕于訛魯昆坡。		
二十三年	獵於水涸川。	如奪里捨澤。		幸聖濟寺。擊鞠。	擊鞠。	獵于悦只吉。		擊鞠。

[1]射虎于猪山：【劉校】原本作"猪山"，明抄本、南監本、北監本、殿本及中華點校本、修訂本均作"諸山"。

[2]柳河：王曾於大中祥符五年（1012）十月使遼，他在行程錄中記載："又過芹菜嶺，七十里至柳河館，河在館旁，西北有鐵冶，多渤海人所居，就河漉沙石煉得鐵。渤海俗，每歲時聚會作樂，先命善歌舞者數輩前行，士女相隨，更相唱和，迴旋宛轉，號曰'踏錘'；所居屋，皆就山牆開門。"（《長編》卷七九大中祥符五年十月）。

[3]平頂山：據本書卷三九《地理志三》，"聖宗伐高麗，以俘戶置高州。有平頂山、瀺河。屬中京"。高州，統和八年（990）更名武安州，隸大定府。在今內蒙古自治區敖漢旗東。

道宗清寧二年[1]						獵，射虎，獲之。		
十年					獵于赤山，以皇太后射獲大鹿，[2]設宴。庚	幸七金山三學寺。	幸北牡山。	

						寅，獵，梁王濬遇十鹿，[3]射之得九。帝大喜。復設宴。					

[1]清寧：遼道宗年號（1055—1064）。

[2]皇太后：即興宗仁懿皇后蕭氏（？—1076），小字撻里，欽哀皇后弟孝穆之長女。重熙四年（1035），立爲皇后。二十三年，號貞懿慈和文惠孝敬廣愛崇聖皇后。道宗即位，尊爲皇太后。本書卷七一有傳。

[3]梁王濬：即昭懷太子耶律濬（1058—1077）。小字耶魯斡。道宗長子，天祚帝生父。大康三年（1077）被廢，隨即被姦臣耶律乙辛殺害。九年追謚爲昭懷太子。天祚皇帝即位，追尊爲大孝順聖皇帝，廟號順宗。本書卷七二有傳。

咸雍元年[1]						幸黑嶺。					

二年				如藕絲淀。					
三年	幸沙奴特。	駐蹕于細葛泊。	幸魏王乙辛第。[2]	獵于赤山。					
四年	北幸。		射柳。幸魏王乙辛第。						
六年						獵于木葉山。[3]			
七年		如魚兒濼。							
九年		如黑水濼。		幸金河寺。	獵于三門口。				
大康三年[4]				避暑于永安山。					

四年				獵于黑嶺。					
六年			獵于白石山。						
大安元年[5]				射鹿于潑山。					
二年				射鹿于查沙。					
九年	獵于拖古烈。			獵于漫牙睹山。					

[1]咸雍：遼道宗年號（1065—1074）。

[2]乙辛：耶律乙辛（？—1083）。字胡覩袞，五院部人。重熙中，爲文班吏。道宗清寧五年（1059），爲南院樞密使，改知北院，封趙王。九年，重元亂平，拜北院樞密使，進封魏王。咸雍五年（1069），加守太師，詔四方有軍旅，許以便宜從事，勢震中外。大康元年（1075），誣皇后致死，三年又害死太子耶律濬。七年冬，坐以禁物鬻入外國，幽於來州。九年，謀奔宋及私藏兵甲事發，伏誅。本書卷一一〇有傳。

[3]木葉山：契丹稱大山爲“木葉山”，此指永州境內一座山，契丹人視此山爲神山，其地在西拉木倫河與老哈河匯合處一帶。上

建契丹始祖廟，奇首可汗在南廟，可敦（可汗之妻）在北廟，"繪塑二聖並八子神像"。詳本書卷三七《地理志一·上京道》。

　　[4]大康：遼道宗年號（1075—1084）。

　　[5]大安：遼道宗年號（1085—1094）。

壽隆元年[1]						射鹿查沙。[2]			
二年								幸沙門恒策戒壇，問佛法。	
三年						射熊于排葛都。	射熊于沙只直山。		
五年						射熊于青崖。	射熊于覿里山。		
天祚皇帝乾統三年[3]							獵于吾刺里山，虎傷		

年										
								獵夫。[4]庚子，射熊于善山。		
四年				射鹿于沙只山。				射熊于瓦石剌山。		
六年							獵于撒不烈山。			
八年							獵于栢山。			
天慶二年[5]			如斧柯水。							
四年							如慶州。射鹿于秋山。	駐蹕于藕絲淀。[6]		

七年							獵于輞子山，虎傷獵夫。		

　[1]壽隆：遼道宗年號（1095—1102）。據遼代碑刻和錢幣，此年號本爲"壽昌"。元代修《遼史》時誤書爲"壽隆"。據中華修訂本校勘記，按此係陳大任《遼史》避金欽慈皇后"壽昌"諱而改，後爲元修《遼史》所承襲。

　[2]射鹿查沙：【劉校】"查"原本作"杏"，明抄本、南監本、北監本和殿本均作"查"。中華點校本、修訂本徑改。今據改。

　[3]乾統：遼天祚帝年號（1101—1110）。

　[4]虎傷獵夫：【劉校】"傷"原本誤作"復"，明抄本、南監本、北監本和殿本均作"傷"。中華點校本、修訂本徑改。今據改。

　[5]天慶：遼天祚帝年號（1111—1120）。

　[6]藕絲淀：即廣平淀。在永州東南三十里，爲遼中期以後冬捺鉢所在地。詳見本書卷三二《營衛志中》。契丹語寬大曰阿斯。

（李錫厚注　劉鳳翥校）

遼史　卷六九

表第七

部族表

　　司馬遷作《史記》，敘四裔於篇末。[1]秦、漢　降，各有其國，彼疆此界，道里云邈。不能混一寰宇　周知種落，鄰國聘貢往來，焉能歷覽。或口傳意記，　寫梗槩耳。

　　遼接五代，漢地遠近，載諸簡册可考。西　沙漠之地，樹藝五穀，衣服車馬、禮文制度，文爲　産品物，得其粗而失其精；部落之名，姓氏之號，得其　而未得其字。[2]歷代踵訛，艱於考索。

　　遼氏與諸部相通，往來朝貢，及西遼所　之地，[3]見於《紀》《傳》亦豈少也哉。其事則書　《紀》，部族則列於《表》云。

　　[1]四裔：指華夏周邊的各民族。古代統治者認　這些民　華夏統治集團中被流放的犯罪分子的後裔。《後漢書》　　《章帝

紀》："百僚從臣，宗室衆子，要荒四裔。"注："要、荒，二服名。要服去王城二千里，荒服去王城二千五百里。要者，言可要束以文教；荒者，言其荒忽無常也。裔，遠也，謂荒服之外也。"

[2]"西北沙漠之地"至"得其音而未得其字"："文爲"，文淵閣《四庫全書》本作"以及"。這段文字，中華點校本和修訂本爲："西北沙漠之地，樹藝五穀，衣服車馬禮文，制度文爲，土産品物，得其粗而失其精。部落之名，姓氏之號，得其音而未得其字。"（參見中華點校本第 1077 頁和中華修訂本第 1189 頁）

[3]西遼：燕京陷落後，耶律大石建立的延續遼朝法統的政權。耶律大石（1094—1143）：字重德，是遼太祖阿保機的八代孫，通漢文及契丹文字，且善騎射，是遼末契丹皇室中少有的文武全才。登天慶五年（1115）進士第。燕京陷落後，大石在保大四年（1124）七月脱離天祚。最初，他活動於今内蒙古自治區東部地區，要在契丹初興之地復興遼朝。但是由於抵擋不住金軍的攻擊，祇好步步向西北的遊牧部族地區退却，並在那裏"置北、南面官屬，自立爲王，率所部西去"。號召遊牧各部與他"共救君父"。大石沿襲遼朝傳統的政治體制，建立了有南北面官的政權。這個政權的實際首領雖是大石，但仍然承認天祚皇帝作爲遼朝合法君主的地位，這一政權爲以後西遼在中亞立國做了準備。大石約於 1132 年在八拉沙衮稱帝改元，號葛兒罕。復上漢尊號曰天祐皇帝，改元延慶。本書卷三〇有傳，但所記時間未可盡信。

紀年	正月	二月	三月	四月	五月	六月	七月	八月	九月	十月	十一月	十二月
太祖元年	黑車子室韋八部降。[1]									討黑車子室韋。		

二年				皇弟惕隱撒剌討烏丸及黑車子室韋。[2]					
三年								討黑車子室韋，破之。西北嘔娘改部族進牽人。	
四年								烏馬山奚庫支泊查刺底、鋤勃德等部叛，討平之。	

五年	西奚部、東奚部叛,[3]討平之。							

　　[1]黑車子室韋：部族名。室韋之一部，即《舊唐書》卷一九五《回紇傳》的“和解室韋”。其住地當在今內蒙古自治區東部的呼倫湖東南，南與契丹接。詳王國維《觀堂集林》卷一四《黑車子室韋考》。

　　[2]惕隱：契丹官名。又稱梯里己，掌皇族政教。　撒剌：剌葛爲阿保機兄弟中排行第二，關於他與諸弟謀作亂事，《通鑑》卷二七〇後梁均王貞明四年（918）於事後追述此事：“初，契丹主之弟撒剌阿撥號北大王，謀作亂於其國。事覺，契丹主數之曰：‘汝與吾如手足，而汝興此心，我若殺汝，則與汝何異！’乃囚之期年而釋之。撒剌阿撥帥其衆奔晉，晉王厚遇之，養爲假子，任爲刺史”；天祐十五年（918），晉軍渡河攻汴州，與梁戰於胡柳，失利，撒剌携妻子奔梁。另據本書卷六四《皇子表》，剌葛後南竄。所謂“撒剌阿撥”可能就是剌葛，爲後唐莊宗李存勗所殺。《通鑑》卷二七二後唐莊宗同光元年（923）（冬十月）詔：“契丹撒剌阿撥叛兄棄母，負恩背國，宜與［趙］巖等並族誅於市。”　烏丸：古代部族名。又作“烏桓”，東胡的一支，原附匈奴，漢武帝擊敗匈奴後，始轉而附漢。建安十二年（207），曹操將其一部分遷至中原。撒剌所征之烏丸應是留居東北地區烏桓之後裔。

　　[3]西部奚：奚族的一部分。據《五代會要》卷二八《奚》：“自天祐初，契丹兵力漸盛，室韋、奚、霫皆受制焉。故奚之部族爲契丹代守邊土，既虜人虐其首領，去諸怨之，以別部內附，徙於

嫣州，依北山而居，漸至數千帳，故有東、西奚之號。去諸卒，其子掃剌代立。後唐莊宗破幽州，賜掃剌姓李，名紹威。"所謂"西部奚"，亦即内徙至嫣州的那一部分奚族，因其住地在古北口外那部分奚人之西，故稱"西部奚"。

神册元年[1]						征突厥、党項、小蕃、沙陀諸部，[2]破降之。				
三年	皇弟安端爲惕隱，[3]攻西南諸部。									
四年						征烏古部。[4]				

六年			皇太子暨諸將分擊部落，[5]以烏古、奚爲圖盧、涅离、奧畏三部。[6]							

[1]神册：遼太祖耶律阿保機年號（916—922）。

[2]突厥：古代族名。曾建立強大的突厥汗國，至公元 6 世紀分裂爲東西兩汗國。當阿保機建立契丹王朝時，突厥汗國早已滅亡。這裏所謂“突厥”可能是指東突厥汗國的餘部。　小蕃：契丹對某些吐蕃部落的稱呼。本書卷四六《百官志二》“北面屬國官”西蕃國王府、大蕃國王府、小蕃國王府和吐蕃國王府，當都是指吐蕃各部。　党項：中國古代族名。又稱党項羌，唐以後主要活動於靈、慶、銀、夏等州，即今甘肅、寧夏、陝西和内蒙古等省區交界地區。　沙陀：中國古代族名。爲突厥別部，原來遊牧於西北地區，唐末遷至河東（今山西省北部）。

[3]安端：阿保機兄弟。排行第五，也曾參與"謀反"。世宗天禄初，賜號"明王"，成爲東丹國的統治者。

[4]烏古：部族名。又稱嫗厥律、于厥律，居契丹西北。據《新五代史》卷七三《四夷附録第二》："嫗厥律，其人長大，髡頭，酋長全其髮，盛以紫囊。地苦寒，水出大魚，契丹仰食。又多黑、白、黄貂鼠皮，北方諸國皆仰足。其人最勇，鄰國不敢侵。"

[5]皇太子：即耶律倍（898—936）。遼太祖耶律阿保機長子漢名倍，契丹名圖欲（突欲），生母爲淳欽皇后述律氏。神册元年（916）春，立爲皇太子。嘗從征烏古、党項，爲先鋒都統，天顯元年（926），遼滅渤海建東丹國，突欲被册爲人皇王，主東丹國政。阿保機死後，其母述律氏立德光，突欲被迫浮海投奔後唐。後唐明宗賜其姓名李贊華。清泰三年（遼天顯十一年，936）石敬瑭率軍攻入洛陽，後唐末帝李從珂約倍與之同死，倍不從，遇害。其子世宗兀欲即位後，天禄元年（947）追諡爲"讓國皇帝"。本書卷七二有傳。

[6]以烏古奚爲圖盧、涅离、奥畏三部：【劉校】據中華點校本校勘記，"按《營衛志下》'圖盧'作'圖魯'，'奥畏'作'乙室奥隗'"。

天贊元年[1]				擊西南諸部。			分迭刺部爲二院。[2]		
二年		討奚胡損，獲之，置奚墮瑰部。							

三年				擊山東部族，破之。	破胡母思山蕃部。		
天顯元年[3]	奚部長勃魯恩、王郁從征有功，[4]賞之。	安邊、鄭頡、定理三府叛，[5]討之。					
三年太宗不改元			突呂不討烏古部。[6]		突呂不獻烏古俘。	鼻骨德來貢。[7]	
四年			突呂不獻烏古俘。				
五年			敵烈來貢。[8]	烏古來貢。			

[1]天贊：遼太祖年號（922—926）。

[2]迭剌部：契丹部族名。據本書卷三二《營衛志中·部族》，遙輦氏時期，原來耶律（即世里）有七部，後合併爲一，成爲迭剌部。天贊元年（922），以迭剌部強大難制，析五石烈爲五院，六爪爲六院，各置夷离堇。會同元年（938），更夷离堇爲大王，部隸北府，以鎮南境。

[3]天顯：遼太祖耶律阿保機年號。天顯元年遼太宗耶律德光即位而未改元（926—938）。

[4]王郁：京兆萬年（今西安市）人。唐義武軍（治所在今河北省定州市）節度使王處直之子，後晉李克用的女婿。爲新州防禦使，神冊六年（921）携家室及所部降遼。本書卷七五有傳。

[5]安邊：渤海國府名。治所在安州，今俄羅斯境内奥耳加城。
鄚頡：渤海國府名。治所在莫州，即今黑龍江省哈爾濱市阿城區。　定理：渤海國府名。治所在今俄羅斯濱海地區蘇城。

[6]突呂不：耶律突呂不（？—942）。契丹人。字鐸袞，聰敏嗜學，見重於太祖阿保機，創制契丹大字。

[7]鼻骨德：遼時黑龍江流域部族名。又作鱉古德。聖宗時分置伯斯鼻古德部與撻馬鼻古德部，均屬東北路統軍司。所在地相當於今黑龍江省富錦市至俄羅斯境内哈巴羅夫斯克（伯力）沿江一帶。

[8]敵烈：遼金時北邊族名。又譯迪烈、敵烈德、迭烈德、達里底。遼時以遊牧、捕獵爲業，分佈於臚朐河（今克魯倫河）流域。有八部，稱爲八部敵烈或八石烈敵烈。與烏古部並稱爲北邊大部。遼聖宗以敵烈部降人置迭魯敵烈部和北敵烈部。開泰四年（1015），築董城於臚朐河北，安置敵烈、烏古降人。壽昌二年（1096），徙敵烈、烏古於烏納水西。金末元初，敵烈人逐漸與女真人、蒙古人等同化。

年										
六年	敵烈來貢。				烏古來貢。	鼻骨德來貢。				
七年					烏古、敵烈來貢。					
九年					鼻骨德來貢。					
十一年					鼻骨德來貢。	于厥里來貢。				
十二年							鼻骨德來貢。			
會同元年[1]		室韋進白麐。					黑車子室韋貢名馬。			
三年	烏古獻伏鹿國俘。					黑車子室韋來貢。	术姑不三人部來貢。[2]			

四年	涅剌、烏隗二部上党項俘獲。乙室、品、突舉三部上党項俘獲。[3]	烏古來貢。于厥里來貢。[4]			阿里底來貢。[5]			术不姑來貢。女直來貢。
五年		鼻骨德來貢。			鼻骨德、烏古來貢。术不姑、鼻骨德、于厥里來貢。			

六年				奚鋤勃德部進白麞。[6]					
七年			黑車子室韋來貢。			鼻骨德來貢。			
八年				鼻骨德來貢。黑車子室韋來貢。	鼻骨德來貢。				
九年	鼻骨德奏軍籍。				烏古來貢。				

［1］會同：遼太宗年號（938—947）。

［2］术不姑三部：本書卷三《太宗本紀》天顯十二年（937）九月，术不姑來貢。

［3］乙室：契丹部族名。遙輦氏阻午可汗時始置爲部。隸南府，駐守西南之境。　品：品部，又作品卑，屬太祖二十部之列。隸北府，屬西北路招討司。　突舉：突舉部，又作突軏。契丹阻午可汗

時期部族名。據本書卷三三《營衛志下·部族下》,太祖二十部中的突呂不部,"其先曰塔古里,領三營。阻午可汗命分其一與弟航斡爲突舉部;塔古里得其二,更爲突呂不部。隸北府,節度使屬西北路招討司,司徒居長春州西"。

[4]烏古來貢。于厥里來貢:【劉校】據中華點校本校勘記,"按于厥里即烏古,重出,或是不同部分。下文五年七月同此"。又據中華修订本校勘記,後一"貢"字原闕,據明抄本、南監本、北監本、殿本補。今從。

[5]阿里底:人名。本書卷一五《聖宗本紀六》載,開泰元年(1012)十一月甲辰,"西北招討使蕭圖玉奏七部太師阿里底因其部民之怨,殺本部節度使霸暗并屠其家以叛,阻卜執阿里底以獻"。

[6]奚鋤勃德部進白麞:【劉校】據中華點校本校勘記,依卷四《太宗本紀下》會同六年(943)六月,作"奚鋤骨里部進白麞"。

穆宗應曆元年[1]								鼻骨德來貢。
二年						敵烈部來貢。		
三年					烏古、鼻骨德來貢。	敵烈部來貢。		
五年	鼻骨德來貢。							

年										
六年									鼻骨德來貢。	
七年	鼻骨德來貢。									
十四年									黃室韋叛。[2]	庫古奏黃室韋掠馬牛，叛去。庫古與黃室韋戰，敗之，降其衆。賜詔撫諭。烏古叛，掠居民財蓄。

[1]應曆：遼穆宗年號（951—969）。

[2]黃室韋：部族名。據本書卷三三《營衛志下》：小黃室韋實即突呂不室韋的一部分，本名大、小二黃室韋户。阿保機爲撻馬狘沙里時，以計降伏大、小黃室韋，並且仍置爲二部。後設節度使，戍泰州（今吉林省白城市），隸屬東北路統軍司。

十五年	烏古殺其酋長窣离底，降而復叛。	大黃室韋酋長寅底吉叛。五坊人四十户叛入烏古。[1]	小黃室韋叛去，雅里斯、楚思等擊之，爲室韋所敗。遣使讓之。	庫古只奏室韋酋長寅底吉亡入敵烈。	敵烈來降。	烏古至河德濼，[2]遣夷离菫畫里、夷离畢常恩以擊之。[3]丁丑，烏古掠上京北榆林峪居				常恩與烏古戰，大敗之。[6]		

					民， [4] 遣林牙蕭幹討之。 [5]				
十七年	夷离畢骨欲獻烏古之俘。								

[1]五坊：契丹北面官機構名。具體職掌不詳。據本書卷四六《百官志二》，五坊屬“北面坊場局冶牧厩等官”，大概與“農工之事”有關。

[2]河德灤：【劉校】“灤”原本作“樂”，明抄本、南監本、北監本和殿本均作“灤”。中華點校本、修訂本徑改。今據改。

[3]夷离堇：契丹部族官名。源於突厥語官名“俟斤”（Irkin）。突厥各部的最高元首稱“可汗”（Qaghan），其他各部酋長則稱爲俟斤。初，契丹“其君大賀氏，有勝兵四萬，臣於突厥，以爲俟斤”。（《新唐書》卷二一九《契丹傳》）後，契丹首領自立爲可汗，其下所屬各部酋長則稱爲“俟斤”，亦即夷离堇。契丹立國後，大部族之夷离堇稱王，小部族之夷离堇則稱爲節度使。舉凡一部之軍政、民政皆由其統掌。參韓儒林《穹廬集》（第314—316頁）。　夷离畢：遼官名。爲執政官，相當於副宰相參知政事。後來官分南、北，北面官有夷离畢院，主要掌刑政。

[4]上京：遼前期都城。稱臨潢府，今内蒙古自治區巴林左旗林東鎮波羅城。

[5]林牙：契丹官名。掌文翰，相當於翰林學士。蕭幹作爲林牙帶兵出征烏古，説明當時官員文武職掌尚不明確。

[6]“寅底吉叛”至“常恩與烏古戰”：【劉校】據中華點校本校勘記，依本書卷七《穆宗本紀七》應曆十五年（965），寅底吉，作“寅尼吉”，常恩，作“常思”。又正月至六月均應移下一格。

景宗保寧三年[1]							鼻骨德來貢。	
四年					鼻骨德來貢。			
五年							鼻骨德部長曷魯撻覽來朝。	
八年							鼻骨德來貢。	
乾亨元年[2]			敵烈來貢。					

聖宗統和元年[3]								速撒奏降敵烈部。速撒奏叛蕃來降。		
二年	五國、隈烏古部節度使耶律隈注以所轄諸部難制,[4]請賜詔、給劍,仍便宜從事。從之。	劃離部人請今後詳穩只於當部選授,上以諸部官長惟在得人,詔不允。[5]	耶律蒲寧、都監蕭勤德東征女直回,[6]獻捷。							

1816

[1]保寧：遼景宗年號（969—979）。

[2]乾亨：遼景宗年號（979—983）。

[3]統和：遼聖宗年號（983—1012）。

[4]五國：五國部。遼東北部族名。越里篤、剖阿里、奧里米、蒲奴里和越里吉，統稱五國部。　隗烏古部：本書卷一〇三《蕭韓家奴傳》，他在對熙宗問時説："今宜徙可敦城於近地，與西南副都部署烏古敵烈、隗烏古等部聲援相接。"可知該部是在西南境。

[5]劃離部請令穩於當部選授，不獲准，這説明遼對其統治下的其他部族的不信任，統治這些部族的官員，不能用本族人。

[6]蕭勤德東征女直回：【劉校】"勤"原本作"勒"，明抄本、南監本同。北監本、殿本作"勤"，中華點校本和修訂本據此徑改。今從改。

三年			上閱諸部籍，以涅剌、烏隗二部額少役重，故量免之。				乙室奧隗部黍過熟未穫，[1]遣人以助收刈。	乙室姓隗部族副使進物。术不姑諸部來至近地。		

| 四年 | | | | 不節部度使和盧覯、黃皮室詳穩解里等各上所獲兵甲。[2] | 姪里古部送輜重行宮。[3] | | | | | |
| 五年 | | | | | 涅剌部節度使撒葛里有惠政，[4]部民請留，從之。 | | | | | |

[1]乙室奧隗部黍過熟未穫：乙室奧隗部是以被俘奚人組建。本書卷五九《食貨志上》："統和三年，帝嘗過藁城，見乙室奧隗部下婦人迪輦等黍過熟未穫，遣人助刈。太師韓德讓言，兵後逋民棄業，禾稼棲畝，募人穫之，以半給穫者。"

[2]頻不部：即品部。　皮室：契丹軍名。意爲"金剛"。初爲阿保機所置，稱"腹心部"。後有南、北、左、右皮室及黃皮室等，皆掌精甲。　詳穩：契丹語音譯詞。官名。遼在元帥府下設大詳穩司。按本書卷一一六《國語解》，"詳穩，諸官府監治長官"。"詳穩"是音譯的契丹語，契丹語中另有"將軍"則是漢語借詞，二者有所區別。在契丹小字中，"詳穩"作ꑙꑗ，"將軍"作ꑙꑘ ꑙꑗ，或作ꑙꑘ ꑙꑗ、ꑙꑘ ꑙꑗ；在契丹大字中，"詳穩"作ꑙ ꑗ，"將軍"作ꑙꑗ。

[3]姪里古部送輜重行宮：據本書卷一一《聖宗本紀二》統和四年（986）遼宋戰爭，夷离畢姪里古部送輜重。【劉校】據中華點校本校勘記，"按《紀》統和四年六月，'以夷离畢直里古部送輜重行宮'。姪里古即直里古，人名，非部族"。

[4]涅剌部：其先曰涅勒，阻午可汗分其營爲部。節度使屬西南路招討司。

六年				詔烏隈于厥部却貢貂鼠、青鼠皮，止以馬牛入貢。	以西南面招討使韓德威討河湟路違命諸蕃。[1]			

九年		振濟室韋、烏古部。				鼻骨德來貢。		
十二年					詔皇太妃領西北路烏古部兵。[2]			
十三年						鼻骨德來貢。		

　　[1]西南面招討使：西南面招討司的長官。負責對西夏防禦。韓德威（941—996）：韓匡嗣之子、韓德讓之弟。保寧初，自燕臺軍旅之列校，授西頭供奉官、銀青崇禄大夫、檢校右散騎常侍兼侍禦史、驍騎尉。不數年，授羽林軍將軍，檢校司徒。這是御林軍的官職，即所謂"登環衛之資，厠勾陳之列"。保寧十一年（979），德威"擢居親近之用，首冠殿庭之班，授宣徽北院使，彰武軍節度使、檢校太尉，進封開國伯，增食邑，賜功臣四字"。有墓誌出土。

　　[2]皇太妃：中華點校本卷三校勘記引陳漢章《索隱》謂"皇太妃"當作"王太妃"。其實，作"皇太妃"並不誤。此人即齊妃，太宗第二子罨撒葛之妻。景宗即位，進封罨撒葛爲"齊王"，保寧四年閏二月戊申薨，"追册爲皇太叔"，故其妻稱"皇太妃"。

十五年			罷奚五部歲貢麀鹿。[1]	敵烈八部殺詳穩以叛，蕭撻凜追擊，[2]獲其部族之半。				罷奚王諸部貢物。	
十六年		鼻骨德酋長來貢。							
十九年						達盧骨部來貢。[3]		閏月，鼻骨德來貢。	
二十一年		奧里等部來貢。[4]			烏古來貢。				

[1]奚五部：《五代會要》卷二八《奚》云：“奚，本匈奴別種，即東胡之地，人物風俗與突厥同。族有五姓：一曰阿會部，管

縣六；二曰啜米部，管縣四；三曰奧質部，管縣六；四曰奴皆部，管縣四；五曰黑訖支部，管縣三；每部有刺史，每縣有令，酉長號奚王。”另據《新五代史》卷七四《四夷附錄第三》：奚“當唐之末，居陰涼川，在營府之西，幽州之西南，皆數百里。有人馬二萬騎。分爲五部：一曰阿薈部，二曰啜米部，三曰粵質部，四曰奴皆部，五曰黑訖支部。後徙居琵琶川，在幽州東北數百里。地多黑羊，馬趫前蹄堅善走，其登山逐獸，下上如飛”。據此可知，奚本來祇有五部。“六奚”是在五部奚之外，再加上阿保機降伏五部奚之後設置的墮瑰部。詳本書卷三三《營衛志下·部族下》。

[2]蕭撻凜（？—1004）：蕭思溫之再從侄。字駝寧。統和二十二年，攻宋，進至澶淵，未接戰，中伏弩卒。本書卷八五有傳。

[3]達盧骨：亦作達盧古。女真之一部。該部有城，稱達盧古城，位於今拉林河以西地區。一説位於今吉林省前郭爾羅斯蒙古族自治縣興隆堡附近。

[4]奧里：即奧里部。奚族一部。奚“初爲五部：曰遙里，曰伯德，曰奧里，曰梅只，曰楚里。太祖盡降之，號五部奚”。

二十二年		罷蕃部賀千齡節及冬至、重五進貢。[1]				蒲奴里、剖阿里等部來貢。[2]				

二十三年					烏古來貢。		鼻骨德來貢。		
開泰元年[3]	曷蘇館大王曷里喜來朝。[4]								
二年	烏古、敵烈叛，命右皮室詳穩延壽率兵討之。				烏古、敵烈皆復故地。				

　　[1]蕃部：遼西南境吐蕃諸部。　　千齡節：遼以聖宗生日爲千齡節。

　　[2]蒲奴里：遼東北部族名。與越里篤、剖阿里、奧里米、蒲奴里和越里吉，統稱五國部。

　　[3]開泰：遼聖宗年號（1012—1021）。

　　[4]曷蘇館：即熟女真。《松漠紀聞》卷上稱："居混同江之南者謂之熟女真，以其服屬契丹也。江之北爲生女真，亦臣於契丹。"

三年	鐵驪來貢。[1]			烏古叛。				八部敵烈殺其詳穩稍瓦，皆叛，詔南府宰相耶律吾剌葛招撫之。[2]釋所囚敵烈數人，令招諭其衆。壬子，耶律世良遣使獻敵烈之俘。[3]			

[1]鐵驪：古代族名。遼置鐵驪國王府，以統其衆。其地當在今黑龍江省東部松花江流域。

[2]南府宰相：契丹部族官名。契丹可汗之下有北、南二府，各部族則分屬二府，故北宰相亦稱北府宰相，南宰相亦稱南府宰相。【劉校】"府"原本誤作"有"，明抄本、南監本、北監本和殿本均作"府"，中華點校本及修訂本徑改。今從改。

[3]耶律世良（？—1016）：六院部人。小字斡。統和末，爲北院大王。開泰初，加檢校太尉、同政事門下平章事。拜北院樞密使。四年（1015），伐高麗，爲副部署。都統劉慎行逗留失期，執還京師，世良獨進兵。本書卷九四有傳。

四年	耶律世良討敵烈得部。		耶律世良討叛命烏古，盡殺之。遣使賞軍前有功將校。				以旗鼓拽剌詳穩題里姑爲六部奚王。[1]		

五年			骨撒剌、鼻德長保特、賽剌等來貢。								
七年			命東北越里篤、剖阿里、奧里米、蒲奴里、鐵驪等五部歲貢貂皮六萬五千,[2] 馬三					蒲奴里部來貢。[3]			

		百匹。烏古部節度使蕭普達討叛命敵烈，滅之。								
八年		回跋部太師踏刺葛來貢。[4]	曷蘇館惕隱阿不葛、宰相賽刺來貢。	回跋部太保麻門來貢。	曷蘇館惕隱阿不葛來貢。					

[1]六部奚：天贊二年（923），有東扒里厮胡損者，恃險堅壁於箭笴山以拒命，太祖滅之，置墮瑰部，並原五部，遂號六部奚。

[2]越里篤：遼東北部族名。五國部之一。

[3]蒲奴里部來貢：【劉校】據中華點校本校勘記，（九月）蒲

奴里部來貢，依本書卷一六《聖宗本紀七》載，此事繫在七月。以下月份異同不備注。

［4］回跋部：遼朝時期女真部族名。當時東北地區有大量的女真人，分佈在南部者稱"熟女真"；中部地區則有回跋女真，隸屬咸州（今遼寧省開原市老城）兵馬司；其在北者則是"生女真"。

太平元年[1]							敵烈酋長頗白來貢馬、駞。	
六年			蒲盧毛朶部內多有兀惹民戶，[2]詔索之。			术不姑諸部皆叛。	曷蘇館諸部長來朝。	曷蘇館部乞建旗鼓，許之。
七年	蒲盧毛朶部遣使來貢。	女直部、蒲盧毛朶部送來州收管。[3]						查只底部民四百戶來附。[4]

[1]太平：遼聖宗年號（1021—1031）。

[2]蒲盧毛朵部：女真部族。遼屬部，爲遼國外十部之一。
兀惹：又作烏惹。本書卷一四《聖宗本紀五》統和二十一年
（1003）夏四月"兀惹、渤海、奥里米、越里篤、越里吉等五部遣
使來貢"。説明該部是在遼東北境，與渤海餘部及五國部相鄰。

[3]來州：《武經總要前集》卷一六下《戎狄舊地》：來州，號
歸德軍。女真國五部落相率來降，胡中因建州以居之。東至隰州七
十里，西至遼州七十里，南至大海四十里，北至建州三百五十里。

[4]查只底部：不詳所屬。

興宗重熙元年[1]									五國酋長來貢。	
三年			振濟耶迷只部。							
十年	曷蘇館人户没入蒲盧毛朵部者，索還復業。								术不姑酋長來貢。	

十二年				置回跋部詳穩、都監。	以斡朵、蒲盧毛朵二部使來貢不時，釋其罪，遣之。[2]						

[1]重熙：遼興宗年號（1032—1055）。

[2]斡朵：【劉校】據中華點校本校勘記，本書卷一九《聖宗本紀二》重熙十二年（1043）五月辛卯，作"斡魯"。

十三年				耶律歐里斯將兵攻蒲盧毛朵部。西南面招	羅漢奴奏所發兵與党項戰不利。				元昊率党項三部酋長來降。[2]	

			討都監羅漢奴、詳穩斡魯母等奏山西部族節度使屈烈以五部叛入西夏，仍乞南北府兵援送實威塞州人戶。詔選富者發之，餘令						

			屯田于天德軍。[1]							

[1]天德軍：唐軍鎮名。即豐州。遼太祖阿保機於神册五年（920）平党項，仍以此地爲天德軍。治所在今内蒙古自治區呼和浩特市東白塔一帶。

[2]元昊：即李元昊（1003—1048）。小字嵬理，後更名曩霄，李德明長子。謚武烈皇帝，廟號景宗，陵號泰陵。公元1032年，李德明死後嗣位，宋授爲定難軍節度、夏銀綏宥静等州觀察處置押蕃落使、西平王。遼封他爲夏國王。宋寶元元年（1038）十月，他更名曩霄，建國號大夏，年號天授禮法延祚，自稱皇帝。進表宋朝，要求承認其建國稱帝的既成事實，雙方隨即發生戰爭。七年後，雙方重新媾和。西夏國主稱臣，宋朝同意每年給予銀、絹、茶、采共二十五萬五千兩、匹、斤。夏宋媾和，夏遼矛盾隨之激化。西夏景宗與遼興平公主婚後失和，再加這時遼境内的党項部落多叛附西夏，糾紛益形擴大。遼興宗親征西夏，遭遇失敗。從此夏、宋、遼三方鼎峙的局勢形成。

十五年	蒲盧毛朵界曷懶河人户來附。	蒲盧毛朵曷懶河一百八十户來附。		女直部長遮母率衆來附。						

十七年	振濟瑤穩、嘲穩部。[1]	蒲盧毛朵部大王蒲輦進舡工。		長白山太師柴葛、回跋太師撒刺都來貢方物。	婆离八部夷离菫虎黵等內附。[2]	伐蒲奴里酉陶得里。				
十八年	耶律義先奏蒲奴里之捷。[3]	耶律義先等執陶得里以獻。	烏古遣使送欵。	五國酋長各率其部來附。回跋部長兀迭、臺札等來朝。五國節度使耶律仙童以						

				降烏古叛人，授左監門衛上將軍。						

　　[1]瑤穩、嘲穩部：此二部不詳所屬。

　　[2]婆离八部：遼代東北北部地區的部族。【劉校】婆离，據中華點校本校勘記，"按《紀》本年作'婆離'，下文大安十年（1094）《表》《紀》並作'頗里'"。按，明抄本、南監本、北監本、殿本亦均作"婆离"。中華點校本及修訂本徑改爲"離"。

　　[3]耶律義先（1010—1052）：于越仁先之弟。重熙初，補祗候郎君班詳穩。十六年（1047），爲殿前都點檢，討蒲奴里，多所招降，獲其酋長陶得里以歸，以功改南京統軍使，封武昌郡王。二十一年，拜惕隱，進王富春。本書卷九〇有傳。

十九年				蒲盧毛朶部惕隱信篤來貢。高麗來貢。[1]	遠夷拔思母部遣使來貢。[2]	回跋、曷蘇館、蒲盧毛朶部各遣使進馬。					

二十一年					遣使詣五國及骨德、烏古、敵烈四部捕海東青鶻。[3]					

[1]高麗：指王建創建的高麗王朝（918—1392）。統治地域在今朝鮮半島，首都在開京（今朝鮮開城市）。　高麗來貢：【劉校】據中華點校本校勘記，"高麗應入屬國。以下屬部、屬國互舛者不備注"。

[2]拔思母：本書卷九四《蕭阿魯帶傳》，大安九年（1093），"達理得、拔思母二部來侵"。當時阿魯帶任烏古敵烈統軍都監，達理得、拔思母二部與烏古敵烈地區相近。

[3]海東青鶻：猛禽名。能擊殺天鵝。渤海國故地以東大海盛產珍珠，天鵝食蚌，珍珠藏於蚌嗉內。契丹人放出海東青鶻擊殺天鵝，獲取珍珠。

道宗清寧二年[1]	詔二古女部與世預宰相、節度使之選者，免皮室軍役。[2]								
三年	五國部長貢方物。								
八年			獨惕屯、葛乞、吾婉、隱禿等歲貢馬、駞，許之。[3]						

[1]清寧：遼道宗年號（1055—1064）。

[2]免皮室軍役：【劉校】"軍"，原本及諸參校本均作"庫"，中華點校本及修訂本據上下文意改。今從。

[3]吾獨婉：道宗時代的屬部。本書卷三一《營衛志一》另有窩篤盌斡魯朵，"興宗置。是爲延慶宮。孳息曰'窩篤盌'。"此斡魯朵應是吾獨婉部被遼俘虜的人户。

咸雍五年[1]								五國剖阿里部叛命，左夷离畢蕭素颯討之。[2]	五國酋長來降，仍獻方物。
六年								五國部長來朝。	

[1]咸雍：遼道宗年號（1065—1074）。

[2]蕭素颯：契丹五院部人。字特免。重熙間始仕，累遷北院承旨，彰愍宮使。清寧初，歷左皮室詳穩、右夷离畢。咸雍五年，徙北院林牙，改南院副部署，卒。本書卷九五有傳。

九年						八石烈敵烈人殺其節度使以叛，上詔隈烏古部軍分兩道擊之。					
大康元年[1]								西北路叛命酋長遐搭、雛搭、雙古等來降。			
四年							五國部長來貢。				

年									
七年	五國部長來貢。								
八年	五國諸酋長貢方物。								
九年						五國部長來貢。			
大安元年[2]	五國酋長來貢良馬。								
二年	五國諸部長來貢。					五國部長來貢。			
三年			出絹賜隗烏古部貧民。	西北部渤海進牛。[3]					

四年	五國諸部長來貢。							詔諸部官長親鞫獄訟。	
八年								阻卜長磨古斯殺金吾古斯以叛，[4]遣奚六部吐里耶律郭三發諸蕃部兵討之。[5]	

[1]大康：遼道宗年號（1075—1084）。

[2]大安：遼道宗年號（1085—1094）。

[3]西北部渤海：太平九年（1029），大延琳領導的東京地區渤海遺民反抗遼廷的鬥爭失敗後，渤海人大量被從東京地區遷至上

京地區，以至更遙遠的西北地區。

[4]阻卜：即達旦、韃靼。元人諱言達旦，而稱達旦爲阻卜，詳見王國維《觀堂集林》卷一四《達旦考》。　磨古斯：本書卷九四《耶律那也傳》載耶律那也"大安九年，爲倒塌嶺節度使。明年冬，以北阻卜長磨古斯叛，與招討都監耶律胡呂率精騎二千往討，破之。那也薦胡呂爲漢人行宮副部署。壽隆元年，復討達理得、拔思母等有功，賜詔褒美，改烏古敵烈部統軍使，邊境以寧。部民乞留，詔許再任"。這場由阻卜磨古斯開始的西北諸部叛亂，茶扎剌、拔斯母、耶覩刮等部也同時反叛亂，直至壽昌末年纔被平定。

[5]耶律郭三：韓德凝子。終天德軍節度使。

| 九年 | | | | | | | | | 詔以戰馬三千給烏古部。烏古敵烈統軍使蕭朽哥奏討阻卜之捷。 | |

十年	愓德酋長來貢。		烏古部節度使耶律陳家奴奏討茶剌之捷。[1]知北院樞密使事耶律斡特剌爲都統，[2]夷离畢耶律禿朵爲副統，龍虎衛上將軍	西北路招討司奏敵烈部入寇，統軍司兵與戰不利，招討司兵擊破之。	和烈葛部來貢。愓德酋長來貢。						是歲，愓德酋萌得斯領所部來降，詔復舊地。頗里八部來寇，擊敗之。

					耶律胡呂爲都監，討磨古斯，遣積慶宮使蕭糺里監戰。[3]							

[1]耶律陳家奴：字綿辛，是阿保機曾祖父懿祖薩拉德之弟葛刺的八世孫。重熙中（1032—1055），歷任鷹坊、尚廄、四方館副使，改任徒魯古皮室詳穩。清寧（1055—1064）初，累經升遷爲右夷离畢。後皇太子被廢，道宗懷疑陳家奴黨附太子，予以罷官。本書卷九五有傳。　茶札刺：遼西北部部族。

[2]北院樞密使：即契丹樞密院之樞密使。爲北面官之最高官職，掌軍事、部族。詳本書卷四五《百官志一》。　耶律斡特刺：字乙辛隱，許國王寅底石六世孫。大安四年（1088），遷知北院樞密使事，賜翼聖佐義功臣。兩度出任西北路招討使，討伐耶覩刮部，因功加守太保，賜奉國匡化功臣。死於乾統初。本書卷九七有傳。

[3]積慶宮：世宗宮分。

年									
壽隆元年[1]	敵烈入寇，掠群牧馬，[2]戍兵襲之，盡得所掠。			斡特剌奏耶覩刮之捷。		頗里八部酋長來附，且進方物。斡特剌奏磨古斯之捷。				
二年	市牛以給烏古、敵烈、隗烏古部貧民。	振達麻里別古部。				頗里八部進馬。				
三年	烏古部節度使耶律陳家奴討西北					蒲盧毛朵部率其部民來歸。	五國部長來貢。		蒲盧毛朵部來貢。	

	諸部有功。[3]								
五年				五國部長來貢。	惕德酋長禿的等來貢。		斡特剌奏討耶覩刮之捷。		
六年	斡特剌獲叛命磨古斯來獻。			烏古部討茶扎剌，破之。	耶覩刮諸部寇西北路。	斡特剌奏耶覩刮諸部之捷。	五國諸部長來貢。		
天祚乾統二年[4]				斡特剌獻耶覩刮等部之捷。					
四年	鼻骨德遣使來貢。								
九年			五國部來貢。						

十年				五國部長來貢。						

[1]壽隆：遼道宗年號（1095—1102）。據遼代碑刻和錢幣，此年號本爲"壽昌"。元代修《遼史》時誤書爲"壽隆"。據中華修訂本校勘記，按此係陳大任《遼史》避金欽慈皇后"壽昌"諱而改。後爲元修《遼史》所承襲。

[2]群牧：契丹有專門機構管理畜群，這類機構稱"群牧"。諸路設群牧使司，下設某群太保、某群侍中、某群敞史；朝廷設總典群牧使司，有總典群牧部籍使、群牧都林牙。以"群"爲單位設某群牧司，設群牧使、群牧副使。此外，還有僅管理馬及牛群的機構。遼亡之後，金稱契丹群牧爲"烏魯古"。

[3]烏古部節度使耶律陳家奴討西北諸部有功：【劉校】據中華點校本校勘記，"'西北諸部'四字原闕，據卷九五本傳補"。

[4]乾統：遼天祚帝年號（1101—1110）。

天慶元年[1]			五國部長來貢。							
二年	五國部長來貢。									

五年	饒州渤海古欲等反，[2] 自稱大王，以蕭謝佛留等討之。								
六年						烏古部叛，遣中丞耶律撻不也等招之。[3]	烏古部降。	東面行軍副統馬哥、余覩等攻曷蘇館，[4] 敗績。	

保大二年[5]			金師取西京,[6]沙漠以南部族皆降之,帝遁訛莎烈。		烏古部節度使耶律棠古破敵烈部叛命皮室,[7]加太子太保。	都統馬哥討叛命敵烈部,克之。		聞金主撫定南京,[8]遂由掃里關出,居四部族詳穩之家。

[1]天慶：遼天祚帝年號（1111—1120）。

[2]饒州：《武經總要》前集卷一六下《戎狄舊地》：“饒州，唐建饒樂府都督以處奚人部落，契丹建爲饒州。在潢水之北，石橋傍，以渤海人居之。”潢水即西拉木倫河，石橋遺址在今内蒙古自治區林西縣城西南60公里西拉木倫河上，即新城子鎮黃土坑村南一公里處。古欲即是饒州渤海人反抗契丹統治的領袖。

[3]中丞耶律撻不也：與世系出於季父房的北院宣徽使耶律撻不也同姓名。

[4]東面行軍副統馬哥：【劉校】據中華修訂本校勘記，“軍”原作“宫”，據本書卷二八《天祚皇帝紀二》改。

[5]保大：遼天祚帝年號（1121—1125）。

[6]西京：治所在今山西省大同市。

[7]耶律棠古（1050—1122）：六院郎君葛剌的後代。字蒲速

宛。天慶（1111—1120）初年，烏古敵烈部反叛，棠古受召，拜烏古部節度使。至該部，諭令該部投降。然後拿出自己私人錢財及富民積蓄，用以振濟部民困乏，於是部民大悅，棠古加鎮國上將軍。保大元年（1121），請求致仕。明年，天祚出逃，棠古謁見於倒塌嶺，再拜烏古部節度使。及至該部，敵烈以五千人前來攻擊，棠古率家奴將來犯的敵烈人擊潰。本書卷一〇〇有傳。

[8]南京：今北京市。

三年				軍將耶律敵烈等劫梁王雅里奔西北部。[1]				耶律大石自金朝亡歸。[2] 復渡河東還，居突呂不部。[3]		
四年	上北遁，謨葛失來迎，率部人防							上納突呂不部人訛哥之妻譜葛，		

衛。時侍從乏糧數日，以衣易羊。至烏古敵烈部，[4]封謨葛失爲神于越。[5]								以訛哥爲本部節度使。[6]		

　　[1]梁王雅里：天祚帝第二子，七歲封梁王。保大三年（1123）天祚奔夏，衆推雅里稱帝，改元神曆。後以疾卒，年三十。

　　[2]耶律大石（1094—1143）：字重德，是遼太祖阿保機的八代孫，通漢文及契丹文字，且善騎射，是遼末契丹皇室中少有的文武全才。登天慶五年（1115）進士第。燕京陷落後，大石在保大四年七月脫離天祚。最初，他活動於今內蒙古自治區東部地區，要在契丹初興之地復興遼朝。但是由於抵擋不住金軍的攻擊，祇好步步向西北的遊牧部族地區退却，並在那裏"置北、南面官屬，自立爲王，率所部西去"。號召遊牧各部與他"共救君父"。大石沿襲遼

朝傳統的政治體制，建立了有南北面官的政權。這個政權的實際首領雖是大石，但仍然承認天祚皇帝作爲遼朝合法君主的地位，這一政權爲以後西遼在中亞立國做了準備。大石約於1132年在八拉沙衮稱帝改元，號葛兒罕。復上漢尊號曰天祐皇帝，改元延慶。本書卷三〇有傳，但所記時間未可盡信。

[3]（九月）"耶律大石自金朝亡歸"至"居突呂不部"：【劉校】據中華點校本校勘記，"按《紀》十月復渡河東還，接前五月辛酉渡河而言，指天祚。大石自金朝亡歸，不涉部族事"。

[4]烏古敵烈部：部族名。敵烈與烏古部並稱遼北邊大部。聖宗開泰四年（1015），築菫城於臚朐河北，安置敵烈、烏古降人。後又徙敵烈、烏古於烏納水西，並置烏古敵烈統軍司以應對阻卜諸部的反抗。

[5]于越：契丹語官名。爲契丹貴官，非有大功德者不授，位在北、南大王之上。

[6]以訛哥爲本部節度使：【劉校】據中華修訂本校勘記，"哥"原作"葛"，明抄本、南監本同。"今據北監本、殿本及上文、本書卷二九《天祚皇帝本紀三》保大四年十月改"。今從改。

　　天祚播越，耶律大石立燕晉國王淳；[1]淳死，與蕭妃奔天德軍。上誅妃，責大石。大石率衆西去，自立爲帝。所歷諸部，附見於後：

大黃室韋部	白達旦部	敵烈部	王紀剌部	茶赤剌部	也喜部	鼻骨德部
尼剌部	達剌乖部	達密里部	密兒紀部	合主部	烏古里部	阻卜部

普速完部	唐古部	忽母思部	奚的部	紀而畢部[2]	乃蠻部	畏吾兒城
回回大食部	尋思干地	起而漫地				

[1]淳：耶律淳（1062—1122）。興宗第四孫，南京留守、宋魏王和魯斡之子。遼亡前夕保大二年（1122），在燕京立爲帝，年號建福，降封天祚先帝爲湘陰王。數月後死去，廟號宣宗。有傳，附於本書卷三〇《天祚皇帝本紀四》。　燕晉國王：【劉校】據中華點校本校勘記，“《紀》作‘秦晉國王’”。

[2]白達旦部、敵烈部、鼻骨德部、紀而畢部：【劉校】據中華點校本校勘記，“按《紀》作白達達、敵剌、鼻古德、糺而畢”。

（李錫厚注　劉鳳翥校）

遼史　卷七〇

表第八

屬國表

　　周有天下，不期而會者八百餘國。遼居松漠，[1]最爲強盛。天命有歸，建國改元。號令法度，皆遵漢制。命將出師，臣服諸國。人民皆入版籍，貢賦悉輸内帑。東西朔南，何啻萬里。視古起百里國而致太平之業者，亦幾矣。故有遼之盛不可不著。作《屬國表》。

　　[1]松漠：契丹原住地。即今内蒙古自治區東部西遼河上游地區，又稱"平地松林"，唐初在此置松漠都督府以統契丹諸部。

紀年	正月	二月	三月	四月	五月	六月	七月	八月	九月	十月	十一月	十二月
太祖元年												和州回鶻來貢。[1]
神册元年[2]	御正殿，受百僚暨諸國人使朝賀。[3]											

[1] 和州回鶻：回鶻之一部。又稱西州回鶻、高昌回鶻。 和州：治所在今新疆維吾爾自治區吐魯番市以東高昌故城。

[2] 神册：遼太祖耶律阿保機年號（916—922）。

[3]（神册元年正月）御正殿受百僚暨諸國人使朝賀：【劉校】據中華修訂本校勘記："此處繫年或誤。本書卷一《太祖紀》上太祖二年（908）正月癸酉云'御正殿受百官及諸國使朝'與此疑爲一事。"

三年	渤海、高麗、回鶻、阻卜、党項各遣使來貢。[1]	高麗泊西北諸蕃皆遣使來貢。回鶻獻珊瑚樹。							
四年							師次烏骨里國，[2]分路擊之，舉國歸附。		
五年						征党項。			

　　[1]渤海：靺鞨粟末部在今中國東北地區建立的政權。唐武后聖曆元年（698），靺鞨粟末部首領大祚榮襲封"震國公"，自號

"震國王"。唐玄宗先天二年（713，當年十二月改元"開元"）遣使封大祚榮爲左驍衞大將軍、渤海郡王，又設置忽汗州，加授大祚榮爲忽汗州大都督，自是始去靺鞨之號，專稱渤海。寶應元年（762）晉爲國。天顯元年（926）爲遼所滅，改稱東丹，並遷至遼陽。【劉注】渤海國最初的國號爲"靺鞨"，不爲"震國"或"振國"。這從《新唐書》卷二一九《渤海傳》中的一段文字可以證明，"睿宗先天中（應爲'玄宗先天二年'），遣使拜祚榮爲左驍衞大將軍、渤海郡王。以所統爲忽汗州，領忽汗都督，自是始去靺鞨之號，專稱渤海。"不稱"始去震國之號，專稱渤海"。而稱"始去靺鞨之號，專稱渤海"。稱"大祚榮建立震國"是混淆了封號與國號的區別。《新唐書》卷二一九《渤海傳》稱"武后封乞四比羽爲許國公，乞乞仲象（大祚榮之父）爲震國公"。"許國公"和"震國公"都是封號，並不意味着有"許國""震國"。乞乞仲象死後。他兒子大祚榮繼承了"震國公"的封號，但他不滿足"公"級別，所以"自號震國王"。"震國王"僅僅是封號，並不意味着有"震國"。少數民族往往以其民族名爲其最初國號，如"契丹""蒙古"等。渤海也應如此。　高麗：（918—1392）：王建創建的高麗王朝，統治地域在今朝鮮半島，首都在開京（今朝鮮開城市）。　回鶻：古代民族名。即回紇。本突厥別部。北魏時稱袁紇，亦曰烏護、烏紇，至隋稱韋紇。大業元年（605），因反抗突厥的壓迫，與僕固、同羅、拔野古等成立聯盟，總稱回紇。唐天寶三年（744）破東突厥，建政權於今鄂爾渾河流域，有今蒙古高原之地。唐時助平安史之亂，屢尚公主。唐貞元四年（788）自請改稱回鶻。開成五年（840），爲轄戛斯所破，部衆分三支西遷：一支遷吐魯番盆地，稱高昌回鶻或西州回鶻；一支遷蔥嶺以西楚河一帶，即蔥嶺以西回鶻；一支遷河西走廊，稱河西回鶻。歷五代遼金，回鶻皆嘗入貢。元明時稱畏吾兒。其族在唐時奉摩尼教，宋元以來改奉回教。　阻卜：即達旦、韃靼。元人諱言達旦，而稱達旦爲阻卜。詳王國維《觀堂集林》卷一四《達旦考》。　党項：中國古代族名。

又稱党項羌，唐以後主要活動於靈、慶、銀、夏等州，即今甘肅、寧夏、陝西和内蒙古等省區交界地區。

　　［2］烏骨里：部族名。即烏古，又稱嫗厥律、于厥律，居契丹西北。【劉校】據中華修訂本校勘記，"骨里國" 疑有闕誤。"按本書卷二《太祖紀下》神册四年十月丙午作 '烏古部'，本書卷三四《兵衛志上》作 '于骨里國'"。本書據中華點校本作 "烏骨里國"。

天贊二年[1]					波斯國來貢。[2]					
三年					西討吐渾、党項、阻卜。[3]		大食國來貢。[4] 回鶻怕里遣使來貢。[5] 攻阻卜。	遣兵踰流沙，[6] 拔浮圖城，[7] 盡取西鄙諸部。	獲甘州回鶻烏母主可汗。[8]	

　　［1］天贊：遼太祖年號（922—926）。

　　［2］波斯國：古代國家名。今稱伊朗。

　　［3］吐渾：古代部族名。即吐谷渾。據《新五代史》卷七四

《四夷附録第三》，吐渾"自後魏以來，名見中國，居於青海之上。當唐至德中，爲吐蕃所攻，部族分散，其內附者，唐處之河西。其大姓有慕容、拓拔、赫連等族。懿宗時，首領赫連鐸爲陰山府都督，與討龐勛，以功拜大同軍節度使。爲晉王所破，其部族益微，散處蔚州界中"。"晉高祖立，割鴈門以北入於契丹，於是吐渾爲契丹役屬，而苦其苛暴"。另據《五代會要》卷二八《吐渾》："至開運中，捍虜（契丹）於澶州"，"其族白可久，名在承福之亞，因牧馬率本帳北通，契丹授以官爵，復遣潛誘承福。承福亦思叛去，事未果，漢高祖知之，乃以兵環其部族，擒承福與其族白鐵櫃、赫連海龍等五家，凡四百有餘人，伏誅。籍其牛馬，命別部長王義宗統其餘屬"。

[4]大食國：唐、宋時期中國對阿拉伯及伊朗語地區穆斯林的稱呼。當時人們還不知阿拉伯人、波斯人、穆斯林三者的區別，統稱爲大食。《遼史》有關於契丹遣嫁公主於大食王子等記載，其中的大食顯然不是指遠在西方的阿拉伯人，而應是指中亞地區的某個穆斯林政權。

[5]怕里：【劉校】據中華點校本校勘記，本書卷二《太祖本紀下》作"霸里"。

[6]流沙：據《漢書·地理志》顏師古注，流沙在燉煌西。

[7]浮圖城：即可汗浮圖城。在今新疆維吾爾自治區吉木薩爾縣北。唐庭州與北庭都護府治所在此。據《舊唐書》卷四〇《地理志》，貞觀十四年（640）侯君集討高昌，西突厥曾屯兵於此。

[8]甘州回鶻：遊牧於甘州一帶的回鶻。9世紀中，回鶻的一支西遷，分佈在甘州、沙州、涼州、賀蘭山、秦州、合羅川（今額濟納河）等地。其中以遊牧於甘州一帶的"甘州回鶻"最爲強盛。

獲甘州回鶻烏母主可汗：【劉校】據中華點校本校勘記，本書卷二《太祖本紀下》作"獲甘州回鶻都督畢離遏，因遣使諭其主烏母主可汗"。

四年	大元帥堯骨略地党項。[1]	攻小番,[2]下之。回鶻烏母主可汗遣使貢謝。					日本國來貢。	新羅國來貢。[3]	
天顯元年[4]	回鶻、新羅、吐蕃、党項、沙陀從征有功,賞之。[5] 穢貊、鐵驪、								

		靺鞨來貢。[6]改渤海國爲東丹國,[7]忽汗城爲天福城。[8]								

[1]大元帥堯骨：即太宗孝武惠文皇帝（902—947）。遼太祖次子，漢名德光，契丹名堯骨。天贊元年（922）任天下兵馬大元帥。天顯元年（926）遼太祖耶律阿保機死，德光由其母述律后立爲帝。十一年，領兵南攻後唐，立石敬瑭爲帝，得燕雲十六州地。會同三年（940）至南京（今北京）。連年領兵攻打後晉。大同元年（947）正月，攻下晉都汴州（今開封）。二月，建國號大遼。四月，自汴州北返，行至欒城（今屬河北省）病死。廟號太宗，墓號懷陵。統和二十六年（1008）七月上尊諡孝武皇帝，重熙二十一年（1052）九月，增諡孝武惠文皇帝。【劉注】遼代改契丹國號爲大遼是在會同元年（938）。《新五代史》卷七二《契丹傳》稱契丹“改天顯十一年爲會同元年，更其國號爲大遼”。《東都事略》卷一二三稱“改元曰會同，國號爲大遼”。《契丹國志》卷三稱“會同元年，……是年，改元會同，國號大遼”。《遼史》卷四大同元年

（947）“二月丁巳朔，建國號大遼”是指把後晉的國號改成大遼，如《契丹國志》卷三大同元年條“以晉國號大遼”即把後晉合併到遼朝去，並不是遼朝“建國號大遼”。

[2]小番：即小蕃。契丹對某些吐蕃部落的稱呼。本書卷四六《百官志中》“北面屬國官”西蕃國王府、大蕃國王府、小蕃國王府和吐蕃國王府，當都是指吐蕃各部。

[3]新羅：朝鮮半島古國。公元 4 世紀成爲半島東南部的強國。7 世紀中滅百濟和高句麗，不久，統一半島大部。至 9 世紀衰落，公元 935 年爲王氏高麗所取代。

[4]天顯：遼太祖耶律阿保機年號。天顯元年遼太宗耶律德光即位而未改元（926—938）。

[5]吐蕃：原爲中國古代藏族政權名。公元 7 至 9 世紀在青藏高原建立。吐蕃政權崩潰以後，宋元及明初史籍稱青藏高原上的土著族、部爲吐蕃。　沙陀：中國古代族名，爲突厥別部，原來遊牧於西北地區，唐末遷至河東（今山西省北部）。　回鶻、新羅、吐蕃、党項、沙陀從征有功，賞之：據中華點校本校勘記，本書卷二《太祖本紀下》作：“以奚部長勃魯恩、王郁自回鶻、新羅、吐蕃、党項、室韋、沙陀、烏古等從征有功，優加賞賚。”非回鶻等部從征有功。

[6]穢貊：即濊貊，朝鮮半島古代部族名。據《三國志》卷三〇《魏書·東夷傳》曹魏間南與辰韓、北與高麗、沃沮接，東臨大海。大約佔據朝鮮半島東部。户二萬。自漢以來，其官有侯邑君、三老，由他們管領下户。貴族自謂與高麗同種。其民言語法俗大抵與高麗相同，衣服則有區別。　鐵驪：族名。遼置鐵驪國王府，以統其衆。其地當在今黑龍江省東部松花江流域。　靺鞨：部族名。爲肅慎、勿吉後裔。隋唐時稱靺鞨，分爲數十部，其中的粟末部，建渤海國。此外，北部的黑水部也很強大，遼代的生女真，主要爲該部，後建立金朝。遼置靺鞨國王府，以統其餘各部。

[7]東丹國：天顯元年正月，耶律阿保機率軍攻入渤海王都忽

汗城，滅掉了號稱"海東盛國"的渤海國。《五代會要·契丹》記載："天成元年七月，攻渤海國扶餘城，下之，命其長子突欲爲國主，號東丹王。"天成元年即遼天顯元年。可能是由於直至當年七月，消息始傳到中原。阿保機以渤海故地建東丹國，意即"東契丹"，並以其長子耶律倍爲東丹王，賜天子冠服，建元"甘露"。【劉注】"東丹國意即東契丹"的説法似有值得商榷之處。在契丹小字中，"契丹"作"𘲠"。"東丹"作"𘲝"。二者没有音或義的關聯。"契丹"是一個不能再分割的完整的單詞，在契丹語中，"契丹"不能簡稱成爲"丹"。

[8]忽汗城：即渤海上京龍泉府，治所在今黑龍江省寧安市渤海鎮。　天福城：即渤海上京龍泉府，後來東丹國遷遼陽，東京遼陽亦稱天福城。

二年太宗不改元								女直國遣使來貢。[1]
三年	達盧古來貢。[2]				突厥來貢。[3]			
六年	西南邊將以慕化轄戛斯國人來。[4]					鐵驪來貢。		

七年			女直來貢。					阻卜貢海東青鶻。[5]	

[1]女直：部族名。本作“女真”，因避遼興宗宗真名諱，改稱女直。

[2]達盧古：即達魯古。女真之一部。該部有城，稱達盧古城，位於今拉林河以西地區。一說位於今吉林省前郭爾羅斯蒙古族自治縣興隆堡附近。

[3]突厥：古代族名。曾建立強大的突厥汗國，至公元 6 世紀分裂爲東西兩汗國。當阿保機建立契丹王朝時，突厥汗國早已滅亡。這裏所謂的“突厥”可能是指東突厥汗國的餘部。

[4]轄戛斯：唐代西北民族名。亦作黠戛斯。原居西伯利亞葉尼塞河流域。契丹興起並據有漠北時，稱轄戛斯遼朝在其地設有轄戛斯大王府。金代稱之爲紇里迄斯，蒙古人稱之爲吉利吉斯，清代依准噶爾人的叫法稱之爲布魯特。西遼的西遷和 13 世紀蒙古的西征都影響到轄戛斯，促成部分轄戛斯人南遷。15 世紀以後，轄戛斯人被准噶爾人驅逐到中亞費爾干納一帶。18 世紀中葉，清朝平定准噶爾，部分轄戛斯人返回七河流域故居。【劉注】俄羅斯至今有哈卡斯自治共和國。位於葉尼塞河上游流域。首府阿巴坎，其主體民族即古代的轄戛斯。

[5]海東青鶻：猛禽名。能擊殺天鵝。渤海國故地以東大海盛産珍珠，天鵝食蚌，珍珠藏於蚌嗉内。契丹人放出海東青鶻擊殺天鵝，獲取珍珠。

八年	皇太弟李胡率兵伐党項。[1]	吐渾、阻卜來貢。		党項來貢。		阻卜來貢。阿薩蘭回鶻來貢。[2]	鐵驪來貢。阻卜來貢。术不姑來貢。[3]			阻卜來貢。术不姑來貢。	
九年	党項貢馳、鹿。		女直來貢。								
十年			党項來貢。	吐谷渾酋長率衆內附。[4]		吐渾來貢。					
十一年[5]			女直國遣使來貢。			吐谷渾來貢。	吐渾來貢。				
十二年									女直國遣使來貢。回鶻來貢。		鐵驪來貢。

[1]李胡（912—960）：阿保機第三子。一名洪古，字奚隱。爲其母述律氏所鍾愛。太宗即位後，天顯五年（930）立爲皇太弟，兼天下兵馬大元帥。太宗死後，應天皇太后反對世宗兀欲而欲立李胡，失敗，母子被囚。穆宗時因參與其子喜隱謀反事而下獄死。興宗時，更謚“章肅皇帝”。本書卷七二有傳。

[2]阿薩蘭回鶻：即高昌回鶻。回鶻西遷、匯合後主要的一支。直到元代，它仍自認是回鶻的嫡系。其王早期稱阿薩蘭汗（意爲獅子王），較晚則稱亦都護。

[3]术不姑：即阻卜。此處重出。

[4]吐谷渾：古代部族名。即吐渾。

[5]十一年：【劉校】據中華修訂本校勘記，“一”字原闕，“據明抄本、南監本、北監本、殿本及本書卷三《太宗本紀上》天顯十一年補”。今從。

會同元年[1]		鐵驪來貢。	女直國遣使來貢。	女直國遣使進弓矢。西南邊大詳穩耶律魯不古奏党項之捷。[2]	吐谷渾來貢。			吐谷渾、烏孫、靺鞨各來貢。[3]				

二年		女直國來貢。		吐谷渾來貢。	阻卜來貢。	鐵驪、燉煌並遣使來貢。[4]	
三年	女直來朝貢。			阻卜來貢。阻卜及賥烈國來貢。[5] 阻卜來貢。[6]	女直國來貢。		

　　[1]會同：遼太宗年號（938—947）。

　　[2]大詳穩：遼朝軍官名。元帥府下設大詳穩司。詳穩，契丹語音譯詞。官名。按本書卷一一六《國語解》，"詳穩，諸官府監治長官"。"詳穩"是音譯的契丹語，契丹語中另有"將軍"則是漢語借詞，二者有所區別。在契丹小字中，"詳穩"作〔契丹字〕，"將軍"作〔契丹字〕，或作〔契丹字〕、〔契丹字〕；在契丹大字中，"詳穩"作〔契丹字〕，"將軍"作〔契丹字〕。　耶律魯不古（898—952）：阿保機從

侄。字辛寧。初，太祖制契丹國字（即契丹大字），魯不古以贊成功，授林牙，監修国史。後隨太宗征伐，屢立戰功。本書卷七六有傳。

[3]烏孫：古代民族名。漢代至拓跋魏中葉居於天山北麓伊犁河上游、伊塞克湖畔及納林河流域的遊牧部族。它的族屬有突厥族、亞利安族諸説，尚無定論。

[4]燉煌：即敦煌。這裏是指唐、五代間的一個割據政權"沙州"。唐置河西節度使，治涼州（今甘肅省武威市），統涼、甘、肅、伊、西、瓜、沙七州。唐德宗間，吐蕃陷涼州，大曆中河西軍移治沙州（今甘肅省敦煌市）。貞元中又爲吐蕃所陷。大中間，沙州人張義潮率所屬十州地歸唐，因改置歸義軍，至宋初復陷於西夏。

[5]賃烈國：族屬不詳。遼屬國之一。遼設賃烈國王府以統其衆。

[6]阻卜來貢：【劉校】據中華點校本校勘記，"按本月三次阻卜來貢，未著不同部分，史文重複"。

| 四年 | 鐵驪來貢。 | 魯不古伐党項回，獻俘。 | | | | | | 吐谷渾降。阻卜來貢。女直國遣使來貢。 | |

五年				鐵驪來貢。	素撒人國來貢。[1]阻卜貢方物。	阻卜來貢。			党項逆命，伐之。	
六年					鐵驪來貢。				鐵驪來貢。	
七年				賃烈、要里等國來貢。[2]		回鶻遣使請婚，不許。				
八年					回鶻來貢。吐谷渾來貢。紐没里、要里等國貢方物。[3]				鐵驪來貢。	

九年	回鶻、女直來貢。		吐渾進生口。	吐渾白可久來附。	女直來貢。					

[1]素撒國：族屬不詳。遼屬國之一。遼設素撒國王府以統其衆。　素撒國人來貢：【劉校】據中華點校本校勘記，本書卷四《太宗本紀下》作“徒覩古、素撒來貢”。

[2]要里：要里國。族屬不詳。遼屬國之一。遼設要里國王府以統其衆。按本表所載，太宗會同七年（944）五月“賫烈、要里等國來貢”。但是，本書卷四《太宗本紀下》所載却是，六月“乙巳，紙没里、要里等國來貢”。

[3]紙没里：在本書卷四六《百官志二·北面屬國官》所記的屬國中没有“没里國”，“没里”或許是“紙没里”。不過，卷四《太宗本紀下》會同八年並没有“没里、要里等國來貢”的記載。

穆宗應歷元年[1]										鐵驪來貢。
二年	女直來貢。		鐵驪貢鷹鶻。						回鶻及轄戞斯國來貢。	

三年		鐵驪來貢。				吐蕃、吐谷渾來貢。				
十二年						女直國貢鼻上有毛小兒。				
十三年			斡朗改國進花鹿生麛,[2]視之。							

[1]應曆：遼穆宗年號（951—969）。

[2]斡朗改：部族名。又作嗢娘改，其地不詳。遼設斡朗改國王府，以統其衆。

景宗保寧三年[1]	漢遣使告。[2]			回鶻遣使來貢。	漢以宋人來攻，遣使來告。		吐谷渾來貢。		
五年	伐党項，破之，上俘獲之數。		女直國侵邊。阿薩蘭回鶻來貢。						
八年					女直國侵貴德州。[3]				轄戛斯國遣使來貢。
九年	女直國遣使來貢。		女直國二十一人來請宰相、夷离菫之職，[4]	回鶻遣使來貢。			耶律沙以党項降酋可醜買友來，[5]賜詔撫	吐谷渾叛入太原四百餘戶，[6]索而還之。	

			以次授之。				諭。女直國遣使來貢。		
十年	阿薩蘭回鶻遣使來貢。	女直國遣使來貢。							

［1］保寧：遼景宗年號（969—979）。

［2］漢：指五代時期的北漢。十國之一。後漢乾祐四年（951）河東節度使劉崇稱帝，國號仍稱漢，都晉陽（今山西省太原市），史稱北漢，依附契丹。太平興國四年（979）爲北宋所滅。歷四主，凡二十九年。

［3］貴德州：治所故址當在今遼寧省撫順市城北高爾山前。

［4］宰相：契丹部族官名。契丹可汗之下有北、南二府，各部族則分屬二府，故北宰相亦稱北府宰相，南宰相亦稱南府宰相。夷离堇：契丹部族官名。源於突厥語官名“俟斤”（Irkin）。突厥各部的最高元首稱“可汗”（Qaghan），其他各部酋長則稱爲俟斤。初，契丹“其君大賀氏，有勝兵四萬，臣於突厥，以爲俟斤”。（《新唐書》卷二一九《契丹傳》）後，契丹首領自立爲可汗，其下所屬各部酋長則稱爲“俟斤”，亦即夷离堇。契丹立國後，大部族之夷离堇稱王，小部族之夷离堇則稱爲節度使。舉凡一部之軍政、民政皆由其統掌。參韓儒林《穹廬集》（第314—316頁）。

［5］耶律沙（？—988）：字安隱。景宗即位，總領南面邊防務。保寧間，宋攻河東，沙將兵救之，有功，加守太保。乾亨初，

沙將兵再援北漢，敗於白馬嶺。復與宋戰於高梁河，並從韓匡嗣攻宋。本書卷八四有傳。

　　[6]太原：治所在今山西省太原市。

乾亨元年[1]		女直國宰相遣使來貢。						
四年								討阻卜。
聖宗統和元年[2]	党項十五部寇邊，西南面招討使韓德威破之。[3]破阻卜。韓德威討党項諸部。			韓德威破党項，上俘獲之數。				

二年						女直宰相海里等八族內附。		速撒等討阻卜,[4]殺其酋長撻剌干。	
三年						女直國宰相術里補來朝。			
四年							阻卜遣使來貢。	党項來貢。	
六年				閏月,阿薩蘭回鶻來貢。	党項太保阿剌恍來朝。	瀕海女直宰相速魯里來朝。[5]			

[1]乾亨：遼景宗年號（979—983）。

[2]統和：遼聖宗年號（983—1012）。

[3]西南面招討使：西南面招討司的長官。負責對西夏防禦。

韓德威（941—996）：韓匡嗣之子、韓德讓之弟。保寧初，自燕臺軍旅之列校，授西頭供奉官、銀青崇禄大夫、檢校右散騎常侍兼侍御史、驍騎尉。不數年，授羽林軍將軍，檢校司徒。這是御林軍的官職，即所謂"登環衛之資，厠勾陳之列"。保寧十一年（979），德威"擢居親近之用，首冠殿庭之班，授宣徽北院使，彰武軍節度使、檢校太尉，進封開國伯，增食邑，賜功臣四字"。有墓誌出土。本書卷八二有傳。

[4]速撒：耶律速撒（？—1002）。字阿敏。應曆初，爲侍從，累遷突呂不部節度使。保寧三年，改九部都詳穩。四年，伐党項，屢立戰功。統和初以來，在邊二十年，安集諸蕃，威信大振。本書卷九四有傳。

[5]瀕海女直宰相速魯里來朝：【劉校】據中華點校本校勘記，"瀕海"二字原脱，據本書卷一二《聖宗本紀三》統和六年（988）八月補。今從。

七年	回鶻、于闐、師子等國來貢。[1]党項遣使來貢。	阿思懶、于闐、轄烈三國來貢。[2]吐蕃來貢。							于闐遣張文寶進内丹書。[3]

八年	于闐、回鶻各遣使來貢。女直國遣使來貢。	女直國遣使來貢。	女直國宰相阿海來朝。	阿薩蘭回鶻于越、達剌干遣使來貢。[4]女直遣使來貢。			北女直國四部請內附。[5]	阻卜遣使來貢。	女直遣使來貢。回鶻來貢。
九年	女直國遣使來貢。		回鶻來貢。	突厥來貢。	女直國進喚鹿人。	阿薩蘭回鶻來貢。			
十年	兀惹來貢。[6]	鐵驪來貢。			鐵驪來貢。		鐵驪來貢。	回鶻來貢。	
十一年	回鶻來貢。								

十二年		回鶻來貢。高麗來貢。	高麗遣使請所俘生口，詔贖還之。			回鶻遣使來貢。	女直國遣使來貢。		党項、吐谷渾來貢。阻卜來貢。		鐵驪來貢。	女直國以宋人由海道賂本國及説兀惹叛，遣使來告。

[1]于闐：塞克族於古代西域，即今新疆維吾爾自治區和田地區建立的政權。自漢至唐，皆入貢中國。安、史之亂，絶不復至。晉天福中，其王李聖天自稱唐之宗屬，遣使來貢。晉高祖命供奉官張匡鄴持節册聖天爲大寶于闐國王。宋初訖於宣和，朝享不絶。塞克族，古稱塞種。其語言屬印歐語系東伊朗語族。近代發現的于闐文書使用同慶、天興、中興、天壽等年號，或採用唐代官稱，或並用漢文、于闐文，或夾用漢字，足見于闐塞克族深受唐代政治、文化影響。　師子國：即高昌，亦即阿薩蘭回鶻。

[2]阿思懶、于闐、轄烈三國來貢：據本書卷一二《聖宗本紀》載統和七年（989）二月“戊寅，阿薩蘭、于闐、轄烈並遣使來貢”，而不是三月。阿思懶，阿薩蘭回鶻大王府。亦曰阿思懶王府。

[3]内丹書：【靳注】道教書籍。張文寶進呈書籍事與遼朝皇室宗親喜好道教有關。《契丹國志》卷七載聖宗“至於道釋二教，皆洞其旨”；同書卷一四載齊王隆裕“自少時慕道，見道士則喜”，

“又別置道院，延接道流，誦經宣醮，用素饌薦獻”。以上皆可證。

　　[4]于越：契丹語官名。爲契丹貴官，非有大功德者不授。位在北、南大王之上。　達剌干：契丹官名。會同元年（938）定制，以達剌干爲副使。

　　[5]四部：【劉校】原本誤作“四齊”。明抄本、南監本、北監本、殿本均作“四部”，中華點校本及修訂本徑改。今從改。

　　[6]兀惹：遼金時北邊族名。

十三年	女直國遣使來貢。	夏國遣使來貢。[1]		高麗進鷹。		女直國遣使來貢。			回鶻來貢。兀惹歸欵。鼻骨來貢。[2]	阿薩蘭回鶻遣使來貢。高麗遣童子十人來學本國語。	鐵驪遣使來貢鷹、馬。
十四年	回鶻遣使來貢。女直國遣使來貢。	韓德威奏討党項之捷。				鐵驪來貢。回鶻來貢。	回鶻來貢。			阿薩蘭回鶻遣使爲子求婚，不許。	

十五年	河西党項叛，詔韓德威討之。兀惹酋長武周來降。女直國遣使來貢。	韓德威奏破党項之捷。	党項來貢。河西党項乞內附。兀惹烏昭慶歲時免進貢鷹、馬、貂皮，以其地遠，詔生辰、正旦外，並免。			鐵驪來貢。	党項酋長來貢。禁吐渾別部鬻馬於宋。		蕭撻凜奏討阻卜之捷。[3]			

年										
十六年	夏國遣使來貢。	女直國遣使來貢。	鐵驪來貢。							
十七年			兀惹烏昭慶來降，釋之。[4]							
十八年			阻卜叛酋鶻碾之弟鐵剌不率部民來附，鶻碾無所歸，繼降詔誅之。							回鶻來貢。

[1]夏國（1038—1227）：以党項民族爲主體建立的政權。公元1038年，元昊叛宋稱帝，建立大夏王朝，傳十代，至1227年爲

蒙古所滅。元昊稱帝以前，作爲北宋境内的地方割據政權，已經具有獨立性。史稱西夏，先後與遼、北宋及金、南宋並立於中國境内。境土包括今寧夏回族自治區全部、甘肅省大部、陝西省北部以及青海省、内蒙古自治區的部分地區。

[2]鼻骨：按鼻骨即鼻骨德，又作鱉古德。遼時黑龍江流域部族名。聖宗時分置伯斯鼻古德部與撻馬鼻古德部，均屬東北路統軍司。所在地相當於今黑龍江省富錦市至俄羅斯聯邦境内哈巴羅夫斯克（伯力）沿江一帶。　鼻骨來貢：【劉校】據中華點校本校勘記，此條已見《部族表》，係重出。

[3]蕭撻凜（？—1004）：即蕭撻覽，字駝寧，蕭思溫之再從侄。統和二十二年（1004），攻宋，進至澶淵，未接戰，中伏弩卒。本書卷八五有傳。

[4]兀惹烏昭慶來降：【劉校】據中華點校本校勘記，本書卷一四《聖宗本紀五》作"兀惹烏昭慶來"，不稱"來降"。

十九年	回鶻進梵僧名醫。		西南面招討司奏討党項之捷。			達盧骨部來貢。	西南面招討司奏討吐谷渾之捷。	鼻骨德來貢。[1]
二十年	女直國宰相夷离底來貢。	女直國大王阿改遣其子出燭	鐵驪遣使來貢。	高麗遣使來進本國地里圖。				

		你、耶剌改、塞剌來朝。							
二十一年		鐵驪來貢。	女直國來貢。兀惹、渤海、奥里米、越里篤、越里吉五部來貢。[2]		党項來貢。阻卜酉鐵剌里率諸部來降。	阻卜鐵剌里來朝。			
二十二年		女直國遣使來貢。				党項來貢。阻卜酉鐵剌里來	南京女直國遣使獻所獲烏昭慶妻		

						朝。鐵刺里求婚，許之。[3]	子。[4]			
二十三年			振党項部。回鶻來貢。	女直國及阿薩蘭回鶻各遣使來貢。鐵驪來貢。党項來寇。	阻卜酉鐵刺里遣使賀與宋和。	党項來貢。烏古來貢。[5]女直國遣使來貢。阿薩蘭回鶻遣使來，因請先留使者，皆遣之。				

二十四年						沙州燉煌王曹壽遣使進大食馬及美玉,[6]以對衣、銀器等物賜之。					
二十五年								西北路招討使蕭圖玉討叛命阻卜,[7]破之。			

二十六年				高麗進文化、武功兩殿龍鬚草地席。						蕭圖玉馳奏討甘州回鶻，降其王耶剌里，撫慰而還。
二十八年				西北路招討使蕭圖玉奏伐甘州回鶻，破其屬郡肅州，[8]盡俘其生口。						

					詔修土隗口故城以實之。						
二十九年					詔西北路招討使、駙馬都尉蕭圖玉安撫西鄙，置阻卜等部。[9]						

[1]（八月）"達盧骨部來貢"及（十一月）"鼻骨德來貢"：【劉校】據中華點校本校勘記，"二者並見《部族表》，此處係重出"。

[2]奧里米、越里篤、越里吉五部：奧里米、越里篤、越里吉與蒲奴里、剖阿里統稱五國部，是遼屬東北部族。

[3]鐵刺里求婚，許之：【劉校】據中華點校本校勘記，本書卷一四《聖宗本紀五》作"鐵刺里求婚，不許"。

[4]南京女直國遣使獻所獲烏昭慶妻子：【劉校】據中華點校

本校勘記，"南京"二字衍。

[5]烏古：部族名。又稱嫗厥律、于厥律，居契丹西北。　烏古來貢：【劉校】據中華點校本校勘記，"此條已見《部族表》，係重出"。

[6]沙州：唐宣宗大中五年（851）至宋仁宗景祐三年（1036）的沙州地方政權。安史之亂時，吐蕃乘虛進攻隴右、河西，德宗貞元三年（787）沙州被吐蕃攻陷，直至唐宣宗大中二年（848），沙州漢族人民在張議潮領導下舉行起義，趕走吐蕃鎮將，河西地區纔復歸唐朝。大中五年朝廷定在沙州置歸義軍，以張議潮爲歸義軍節度使、十一州觀察使。但僖宗（873—888）後，沙州歸義軍所轄唯瓜、沙二州。唐亡時，張氏自立"金山國"。數年後，曹氏代替張氏掌握沙州地方政權，仍稱歸義軍節度使，向五代、北宋諸政權奉表入貢。至宋景祐三年（1036，一說景祐二年）亡於西夏。

[7]西北路招討使：官名。西北路招討司的軍政長官。西北路招討司又稱西北路都招討司，是遼朝統治漠北屬部的最高軍政機構。　蕭圖玉：字兀衍，北府宰相海璘之子。統和初，皇太后稱制，以戚屬入侍。十九年（1001），總領西北路軍事。後尚金鄉公主，拜駙馬都尉，加同政事令門下平章事。本書卷九三有傳。

[8]肅州：治所在今甘肅省酒泉市。

[9]置阻卜等部：【劉校】據中華點校本校勘記，本書卷一五《聖宗本紀六》作"置阻卜諸部節度使"，是。

開泰元年[1]	女直國太保蒲撚等來朝。					鐵驪那沙等送兀惹百餘户至賓			

						州，[2]賜絲絹以賞之。				
二年						哥化等破阻卜酋長烏八之眾。[3]				
三年	阻卜酋長烏八朝貢，封烏八為王。女直國及鐵驪各遣使來貢。		沙州回鶻曹順遣使來貢，回賜衣幣。							

四年	于闐國來貢。	耶律世良等破阻卜，[4]上俘獲之數。女直國遣使來貢。						
五年	耶律世良與蕭善寧東討高麗，[5]破之。	阻卜酋長來朝。	叛命党項酋長魁可來降。					

　　[1]開泰：遼聖宗年號（1012—1021）。

　　[2]賓州：據本書卷三八《地理志二》，"懷化軍，節度。本渤海城。統和十七年，遷兀惹戶，置刺史於鴨子、混同二水之間，後升。兵事隸黃龍府都部署司"。治所在今吉林省農安市東北廣元店

古城遺址。

[3]化哥：即耶律化哥。字弘隱，孟父楚國王之後。乾亨初，爲北院林牙。統和四年（986），拜上京留守，遷北院大王。十六年，侵宋，爲先鋒，以功遷南院大王，尋改北院樞密使。開泰元年，伐阻卜，以功封豳王。伐阻卜過程中掠阿薩蘭回鶻，諸蕃由此不附。聖宗使按之，削王爵。本書卷九四有傳。

[4]耶律世良（？—1016）：六院部人。小字斡。統和末，爲北院大王。開泰初，加檢校太尉、同政事門下平章事。拜北院樞密使。四年，伐高麗，爲副部署。都統劉慎行逗留失期，執還京師，世良獨進兵。本書卷九四有傳。

[5]耶律世良與蕭善寧東討高麗：按本書卷一五《聖宗本紀六》開泰四年五月辛巳，“命北府宰相劉晟爲都統，樞密使耶律世良爲副，殿前都點檢蕭屈烈爲都監以伐高麗”。故與耶律世良東討高麗的是蕭屈烈，而非蕭善寧。

八年	鐵驪來貢。					詔阻卜依舊歲貢馬、駝、貂鼠、青鼠皮等物。				

年								
九年					遺使賜沙州回鶻燉煌郡王曹順衣物。	沙州回鶻燉煌郡王曹順遺使來貢。	大食國王遺使爲其子册哥請婚，進象及方物。	
太平元年[1]		大食國王復遣使請婚，以王子班郎君胡思里女可老封公主，降之。			阻卜扎剌部來貢。		党項酉長曷魯來貢。	

二年				鐵驪遣使進兀惹人一十六戶。				
六年	詔党項別部塌西設契丹節度使治之。	阻卜入寇，西北路招討使蕭惠破之。[2]	遣西北路招討使蕭惠將兵伐甘州回鶻。[3]		蕭惠攻甘州不克，師還。自是，西阻卜諸部皆叛。我軍與戰，敗績，涅里姑、曷不呂皆歿於|			

					陣，遣惕隱耶律洪古等將兵討之。[4]				
七年					詔蕭惠再討阻卜。				
八年	党項寇邊，破之								

[1]太平：遼聖宗年號（1021—1031）。

[2]蕭惠（983—1056）：契丹外戚。字伯仁，小字脱古思，淳欽皇后弟阿古只五世孫。初爲國舅詳穩。從伯父排押征高麗，以功，授契丹行宮都部署。開泰二年（1013），改南京統軍使。後爲西北路招討使，封魏國公。興宗即位，知興中府，歷順義軍節度使、東京留守、西南面招討使，加開府儀同三司、檢校太師，兼侍中，封鄭王。重熙六年（1037），復爲契丹行宮都部署，加守太師，徙王趙。拜南院樞密使，更王齊。惠贊成復取三關，與太弟帥師壓宋境，迫使宋朝增歲幣請和。惠以首事功，進王韓。重熙十七年，

尚帝姊秦晉國長公主，拜駙馬都尉。本書卷九三有傳。

[3]甘州：治所在今甘肅省張掖市。

[4]惕隱：契丹官名。又稱梯里己，掌皇族政教。 耶律洪古（？—1043）：樞密使化哥之弟，孟父楚國王之後。字胡篤菫。統和間累遷順義軍節度使，入爲北面林牙。太平元年（1021），加同政事門下平章事，出爲彰國軍節度使，兼山北道兵馬都部署，徙武定軍節度使。六年，拜惕隱。討阻卜有功。聖宗嘗刺臂血與弘古盟爲友，禮遇尤異，拜南府宰相，改上京留守。重熙六年遷南院大王，十二年加于越，復授武定軍節度使，卒。本書卷九五有傳。

興宗重熙二年[1]	女直國詳穩臺押率所部來貢。								阻卜酋長來貢。	
六年									阻卜酋長來貢。	
七年	高麗遣使來貢。	夏國遣使來貢。			阻卜酋長屯禿古厮來朝。					

九年										女直國人侵邊，發黃龍府路鐵驪軍拒之。[2]
十年									夏國遣使獻所俘宋將及生口。	回鶻遣使來貢。
十一年										以吐渾及党項鬻馬于夏國，詔沿邊築障塞以防之。

十二年			高麗國以加上尊號，遣使來賀。	夏國遣使進馬、馳。		卜大王屯禿古斯弟太尉撒葛里來朝。回鶻遣使來貢。	阻卜來貢。	阻卜來貢。	夏人侵掠党項，遣延昌宮使高家奴問之。[3]	
十三年			高麗遣使來貢。	南院大王耶律高十奏党項等部叛附夏國。[4]	羅漢奴奏所發部兵與党項戰不利。[5]	阻卜酋長烏八遣其子執元昊求援使者窊邑改來，[6]且乞以兵助戰，從之。	夏國遣使來朝。[7]	夏國復遣使來詢。	獲叛命党項偵人，射鬼箭。[8]元昊親執党項三部酋長來降。[9]	

[1]重熙：遼興宗年號（1032—1055）。

[2]黃龍府：治所在今吉林省農安縣。

[3]延昌宮：穆宗所置宮衞。　高家奴：韓德凝之孫。終於南院宣徽使。

[4]南院大王：契丹官名。遼太祖析迭剌部爲五院部和六院部。北院大王和南院大王即是五院部和六院部的首領。

[5]羅漢奴奏所發部兵與党項戰不利：【劉校】據中華點校本校勘記，此條已見《部族表》，係重出。

[6]元昊：李元昊（1003—1048）。小字嵬理，後更名曩霄，李德明長子。公元1032年，李德明死後嗣位，宋授爲定難軍節度、夏銀綏宥靜等州觀察處置押蕃落使、西平王。遼封他爲夏國王。宋寶元元年（1038）十月，他更名曩霄，建國號大夏，年號天授禮法延祚，自稱皇帝。進表宋朝，要求承認其建國稱帝的既成事實，雙方隨即發生戰爭。七年後，雙方重新媾和。西夏國主稱臣，宋朝同意每年給予銀、絹、茶、采共二十五萬五千兩、匹、斤。夏宋媾和，夏遼矛盾隨着激化。西夏景宗與遼興平公主婚後失和，再加這時遼境内的党項部落多叛附西夏，糾紛益形擴大。遼興宗親征西夏，遭遇失敗。從此夏、宋、遼三方鼎峙的局勢形成。李元昊死後諡武烈皇帝，廟號景宗，陵號泰陵。

[7]夏國遣使來朝：【劉校】原本闕"朝"字，明抄本、南監本、北監本和殿本不缺。中華點校本、修訂本徑補。今從。

[8]射鬼箭：契丹人的巫術、刑罰。皇帝出征及祭祀先帝時，都要行這種巫術。即取死囚一人，置於所要前往之方向，以亂箭射殺，名爲射鬼箭。契丹人認爲，以此可以祓除不祥。班師歸來則以俘虜射鬼箭。後來以此作爲刑罰的一種。

[9]元昊親執党項三部酋長來降：【劉校】據中華點校本校勘記，"此條已見《部族表》，係重出"。

十四年			高麗遣使來貢。	阻卜大王屯禿古斯率諸酋長來朝。夏國遣使來朝。				阿薩蘭回鶻遣使來貢。
十五年			高麗遣使來貢。					
十六年[1]				阻卜大王屯禿古斯來朝，進方物。			鐵驪仙門來朝，以前此未嘗入貢，仍加右監門衛大將軍。	女直國遣使來貢。阿薩蘭回鶻王以公主生子，遣使來告。

年												
十七年			鐵不得國遣使來，[2] 乞以本部軍助攻夏國，不許。	高麗遣使來貢。		阻卜進馬、馳二萬。						
十八年			高昌國遣使來貢。[3]			阻卜來貢馬、馳、珍玩。						
十九年				高麗遣使來貢。	遠夷拔思母部遣使來貢。[4]	高麗遣使來賀伐夏之捷。[5]	阻卜酋長豁得剌弟斡得來朝，加太尉遣之。	阻卜酋長喘只葛里斯來朝。			阻卜酋長豁得剌遣使來貢。	

[1]十六年：【劉校】原本誤作"十八年"，明抄本、南監本、北監本和殿本不誤。中華點校本、修訂本徑改。今據改。

[2]鐵不得：中華點校本卷四六校勘記載，鐵不得即吐蕃，此與上文西蕃、大蕃等並是當時吐蕃不同部分朝貢於遼者，故以不同名稱存於史册。

[3]高昌國：即阿薩蘭回鶻。回鶻西遷、匯合後主要的一支。

[4]拔思母：遼朝西北部叛服不常的部族之一。本書卷九四《耶律那也傳》："大安九年，爲倒塌嶺節度使。明年冬，以北阻卜長磨古斯叛，與招討都監耶律胡呂率精騎二千往討，破之。那也薦胡呂爲漢人行宮副部署。壽隆元年，討達理得、拔思母等有功，賜詔褒美，改烏古敵烈部統軍使，邊境以寧。部民乞留，詔許再任。"這場由阻卜磨古斯開始的西北諸部叛亂，茶扎剌、拔斯母、耶覩刮等部也同時叛亂，直至壽昌末年纔被平定。

[5]夏：即西夏（1038—1227），是以党項民族爲主體建立的政權。

二十年	吐蕃遣使來貢。								
二十一年									阿薩蘭回鶻遣使貢名馬、文豹。

二十二年		阿薩蘭回鶻爲鄰國所侵，遣使求援。				高麗遣使來貢。	阻卜大王屯禿古斯率諸部長進馬、駞。			
二十三年	夏國遣使貢方物。			高麗遣使來貢。	夏國遣使來貢。	吐蕃遣使來貢。				阻卜酋長來貢。
道宗清寧二年[1]						阻卜酋長來朝及貢方物。				
咸雍二年[2]						回鶻來貢。阻卜酋長來貢。				

四年			阿薩蘭回鶻遣使來貢。					夏國遣使來貢。
五年		阻卜酋長叛,以南京留守晉王仁先爲西北路招討使,[3]領禁軍討之。[4]		吐蕃遣使來貢。		晉王仁先遣人奏阻卜之捷。		
六年	阻卜酋長來朝,且貢方物。		西北路招討司以所降阻卜來。[5]		阻卜酋長來朝。		西北路招討司擒阻卜酋長來獻,	

							以所降阻卜酋長圖木同刮來。	
七年	女直國進馬。			吐蕃來貢。			高麗遣使來貢。	回鶻來貢。
八年				振易州貧民。[6]高麗遣使來貢。			回鶻來貢。	

　　[1]清寧：遼道宗年號（1055—1064）。

　　[2]咸雍：遼道宗年號（1065—1074）。

　　[3]南京：今北京市。　仁先：耶律仁先（1012—1072）。字糺鄰，小字查剌。契丹皇族，孟父房之後。重熙三年（1034），補護衛。十一年，升北院樞密副使。與劉六符使宋，定議增歲幣。既還，同知南京留守事。十八年，再舉伐夏，仁先與皇太弟重元爲前鋒。清寧初，爲南院樞密使。九年，重元謀逆，仁先受命討賊。事後，加尚父，進封宋王，爲北院樞密使。本書卷九七有傳。

[4]禁軍：指燕京的漢軍。據《長編》卷五五宋真宗咸平六年（1003）七月己酉記李信云：“國中所管幽州漢兵，謂之神武、控鶴、羽林、驍武等，約萬八千餘騎。”其中“羽林”“控鶴”是唐、五代禁軍舊有的名號。因此可以斷定李信所説的遼燕京的“漢兵”就是戍衛京城的禁軍。

[5]西北路招討司：遼朝統治漠北屬部的最高軍政機構。聖宗以後，主要負責鎮壓阻卜。

[6]易州：治所在今河北省易縣。　振易州貧民：【劉校】據中華點校本校勘記，“無涉屬國，此五字衍”。

九年								回鶻來貢。	高麗、夏國並遣使來貢。
十年	阻卜諸酋長來貢。						高麗遣使來貢。		
大康元年[1]				吐蕃來貢。					
二年[2]				回鶻來貢。					

年									
四年			高麗遣使乞賜鴨淥江以東地，不許。	阻卜酋長來貢。阻卜諸酋長進良馬。				回鶻遣使來貢。	
五年				阻卜酋長來貢。					
六年				女直國遣使來貢。					
七年	女直國貢良馬。			阻卜余古赧來貢。[3]				高麗遣使來貢。	
八年	鐵驪酋長貢方物。			阻卜酋長來貢。					

九年					阻卜長來貢。				
十年			女直國貢良馬及犬。	阻卜諸酉長來貢。					
大安二年[4]		女直國來貢良馬。			阻卜諸酋長來朝。			高麗遣使謝封冊。	
三年		女直國來貢良馬。高麗遣使來貢。							
四年		免高麗歲貢。							
五年	高麗遣使來貢。			回鶻遣使貢良馬。					

六年		女直國遣使貢良馬。					高麗遣使來貢。	
七年				回鶻遣使貢方物。	回鶻遣使來貢異物，不納，厚賜遣之。	日本國遣鄭元等二十八人來貢。		

［1］大康：遼道宗年號（1075—1084）。

［2］二年：【劉校】據中華修訂本校勘記，諸本皆同。"本書卷二三《道宗本紀三》並無記載是年回鶻來貢事，但三年六月己丑云'回鶻來貢'，則'二年'或爲'三年'之誤"。

［3］阻卜余古赧來貢：【劉校】據中華點校本校勘記，余古赧爲阻卜酋長名，見本書卷二四《道宗本紀四》大康七年六月及大安二年（1086）六月。故原本"阻卜"下衍"與"字，當删。今從。

［4］大安：遼道宗年號（1085—1094）。

八年	阻卜諸長來降。		阻卜長來貢。				日本國遣使來貢。	阻卜磨古斯金禿斯	卜長古殺吾古以叛，遣奚六部禿里耶律郭三發諸蕃部兵討之。[1]
九年	磨古斯入寇。	西北路招討使耶律阿魯掃古追磨古斯還，都監蕭張九遇賊						有司奏磨古斯詣西北路招討使，耶律撻不也遇害。[3]附近	

	衆,與戰不利,二室韋、挼剌、北王府、特滿群牧、宮分等軍多陷于賊。[2]								阻卜酉長烏古扎叛去。達里底及拔思母並寇倒塌嶺路。[4]阻卜酉轄底侵掠西路群牧。		
十年	烏古扎等來降。達里底、拔思母二部入寇。	西南面招討司奏拔思母之捷。[5]達里底入寇。	山北路副部署蕭阿魯帶奏達里底之捷。[6]	閏月,達里底、拔思母二部來降。			阻卜來寇倒塌嶺,西路群牧及渾河北牧馬皆爲所		西北路統軍司獲阻卜酉拍撒葛、蒲魯等來獻。	惕德酉銅刮、阻卜酉的烈等來降。達里底及拔思	西北路統軍司奏討磨古斯之捷。

						掠。 [7] 東北路統軍使耶律石柳以兵追及， [8] 盡獲所掠。		母等來寇， [9] 山北副部署阿魯帶擊敗之。

[1]奚六部：據《五代會要》卷二八《奚》：“奚，本匈奴別種，即東胡之地，人物風俗與突厥同。族有五姓：一曰阿會部，管縣六；二曰啜米部，管縣四；三曰奧質部，管縣六；四曰奴皆部，管縣四；五曰黑訖支部，管縣三。每部有刺史，每縣有令，酋長號奚王。”此奚王是被契丹降伏以後的奚部族酋長。《新五代史》卷七四《四夷附錄第三》所記奚各部名稱與《五代會要》略有不同：奚“分爲五部：一曰阿薈部，二曰啜米部，三曰粵質部，四曰奴皆部，五曰黑訖支部。後徙居琵琶川，在幽州東北數百里。地多黑羊，馬趫前蹄堅善走，其登山逐獸，下上如飛”。奚本來衹有五部，阿保機降伏五部奚之後又設置墮瑰部，而成六部。詳見本書卷三三《營衛志下》“部族下”。　耶律郭三（980—1037）：韓德凝子，終天德軍節度使。【劉注】“郭三”是契丹語小名𫟼𫟼的音譯。其契丹語第二個名爲𫟼𫟼，音譯爲“留寧”。他還有漢名“遂忠”。他是

韩德凝之侄，不是韩德凝之子。韩郭三是韩德昌之子。據《韓德昌墓誌銘》《耶律隆祐（韓德凝）墓誌銘》《耶律遂忠（韓郭三）墓誌銘》和契丹小字《耶律（韓）高十墓誌銘》改。《韓德昌墓誌銘》稱“有子二人：郭三、解里·阿鉢”。《耶律遂忠（韓郭三）墓誌銘》稱“烈考諱德昌，字克柔，盧龍軍節度使檢校太保”。契丹小字《耶律（韓）高十墓誌銘》第九行有一段話譯爲漢字爲“富哥（韓德昌的契丹語小名的音譯）妻歐妮·偶寧娘子，兒子一個：留寧·郭三宰相”。《耶律隆祐（韓德凝）墓誌銘》稱韓德凝“有子二人，女一人。渤海娘子大氏之所出也。先公而亡。長曰遂賫，右千牛衛將軍。勾陳就列，寧欠父風。次曰遂成，衛内都指揮使。啓戟從戎，豈無公器。女適奚王府相之息也”。韓德凝的兒子中僅有遂賫和遂成，並沒有郭三。這從正反兩方面都説明韓郭三爲韓德昌之子，並不是韓德凝之子，而是韓德凝之侄。

[2]室韋：部族名。北魏始見於記載，分佈於黑龍江、嫩江流域，唐時分爲許多部。契丹多爲其役屬。　拽剌：契丹語“走卒”謂之“拽剌”，後爲軍官名。有掌旗鼓者，稱“旗鼓拽剌”，還有專司偵候、探報等職者。　群牧：契丹專門管理畜群的機構。諸路設群牧使司，下設某群太保、某群侍中、某群敞史；朝廷設總典群牧使司，有總典群牧部籍使、群牧都林牙。以“群”爲單位設某群牧司，設群牧使、群牧副使。此外，還有僅管理馬及牛群的機構。遼亡之後，金稱契丹群牧爲“烏魯古”。

[3]耶律撻不也：按本書卷二五《道宗本紀五》，大安九年（1093）“冬十月庚戌，有司奏磨古斯詣西北路招討使耶律撻不也爲降，既而乘虛來襲，撻不也死之”。此人與大康年間被耶律乙辛殺害的耶律撻不也同姓名。

[4]倒塌嶺：地近阻卜，故遼在此駐軍守護西路群牧。

[5]西南面招討司：契丹軍事機構。設招討使一人，駐西京大同，負責對西夏的防務。

[6]蕭阿魯帶：字乙辛隱，烏隗部人。少習騎射，曉兵法。大

安七年，遷山北副部署。九年，達理得、拔思母二部來侵，率兵擊
却之，並多有斬獲。壽昌元年（1095），以功，加同中書門下平章
事，進爵郡公，改西北路招討使。本書卷九四有傳。

　［7］渾河：即桑乾河。以其水渾濁，故名。

　［8］東北路統軍使：遼末防禦女真的軍事機構東北路統軍司的
主官。原來對女真的防禦在遼朝的軍事部署中並不佔有重要地位，
故一直由東京的軍事機構兼管。當生女真完顏部發動叛亂時，遼朝
主持戰事始有東北路統軍司。該機構設在寧江州（今吉林省松原市
寧江區伯都訥古城）　耶律石柳：字酬宛，六院部人。性剛直。大
康初，爲夷離畢郎君。太子既廢，以石柳附太子，流鎮州。天祚即
位，召爲御史中丞。時方治乙辛黨，有司不以爲意。石柳上書要求
窮治乙辛黨人，書奏不報。乾統中卒。本書卷九九有傳。

　［9］達里底及拔思母等來寇：【劉校】據中華修訂本校勘記，
"等"原作"弟"，"依本書卷二五《道宗本紀五》大安十年十一月
乙巳及卷九四《蕭阿魯帶傳》改"。今從。

壽隆元年[1]	西南面招討司奏拔思母入寇，擊敗之。蕭阿魯帶等討拔思母，	高麗遣使來貢。		女直國遣使來貢。		阻卜酋長禿里底及圖木葛來朝貢。	阻卜酋長猛達斯來貢。			女直國遣使進馬。

	破之。[2]							
二年	西南面招討司討拔思母，破之。			阻卜來貢。		高麗來貢。		
三年	阻卜酋長猛撒葛及粘八葛長禿骨撒、梅里急酋長忽魯八等請復舊地，以貢方物。		斡特剌討阻卜，[3]破之。			斡特剌遣人奏梅里急之捷。		西北路統軍司奏梅里急之捷。

五年	詔夏國王李乾順伐拔思母部。[4]				阻卜來貢。				
六年					阻卜酋長來貢。				女直國遣使來貢。鐵驪來貢。
七年						阻卜、鐵驪酋長來貢。			

[1]壽隆：遼道宗年號（1095—1102）。據遼代碑刻和錢幣，此年號本爲“壽昌”。元代修《遼史》時誤書爲“壽隆”。又據中華修訂本校勘記，此係陳大任《遼史》避金欽慈皇后“壽昌”諱而改，後爲元修《遼史》所承襲。

[2]“西南面招討司奏拔思母入寇”至“蕭阿魯帶等討拔思母，破之”：【劉校】據中華點校本校勘記，本書卷二六《道宗本

紀六》作“西南面招討司奏，拔思母來侵，蕭阿魯帶等擊破之”。此以入寇、追討分記之。

[3]斡特剌：耶律斡特剌（1036—1105）。字乙辛隱，許國王寅底石六世孫。大安四年（1088），遷知北院樞密使事，賜翼聖佐義功臣。兩度出任西北路招討使，討伐耶覩刮部，因功加守太保，賜奉國匡化功臣。死於乾統初。本書卷九七有傳。【劉注】據契丹小字《許王墓誌》，封爵爲許王，死於乾統五年，享年七十歲。

[4]李乾順（1083—1139）：即夏崇宗。西夏第四代皇帝。三歲即位。母梁氏，與弟乙逋擅政。永安元年（1098），梁太后死，乾順親政，年十七，謹事遼朝，但與宋交惡。遼以宗室女封公主下嫁。遼亡前夕，他曾出兵援遼，後臣於金。

天祚乾統二年[1]				阻卜入寇，斡特剌等戰敗之。				
三年	女直國梟蕭海里首，[2]遣使來獻。					吐蕃遣使來貢。		

四年					吐蕃遣使來貢。				
六年					阻卜來貢。				
八年					西北路招討使蕭敵里率諸蕃酋長來朝。[3]			高麗遣使來謝。	
九年		夏國以宋不歸地,遣使來告。						高麗遣使來貢。	
十年					阻卜來貢。				

[1]乾統：遼天祚帝年號（1101—1110）。

[2]蕭海里（？—1097）：遼叛將。壽昌二年（1096）冬十月乙卯，蕭海里劫乾州武庫器甲。命北面林牙郝家奴捕之，蕭海里亡入女真陪术水阿典部。翌年，女真將其殺害，並將其首級獻與遼朝。

[3]敵里：本書卷二八《天祚皇帝本紀二》作"蕭諦里"，天慶五年（1115）九月，耶律章奴反，奔上京，謀迎立魏國王耶律淳。"先遣王妃親弟蕭諦里以所謀說魏國王"。魏國王立斬蕭諦里等首以獻，上遇之如初。中華點校本卷二七校勘記以蕭敵里爲蕭嗣先，無據。詳該卷"蕭敵里亦坐免官"注。

天慶二年[1]					和州回鶻來貢。阻卜酋長來貢。				
三年					斡朗改國遣使來獻良犬。				回鶻遣使來貢。高麗遣使來謝。

四年			女直國遣使索叛人阿疏,[2]不發。			女直國復遣使來取阿疏,不發,即遣侍御阿息保往問境上建城堡之故。[3]	阿息保還,言女直國主之意,若還阿疏;朝貢如舊;不然,城未能已。女直國遣師來攻。	女直國下寧江州。[4]	鐵驪、兀惹叛歸女直。

五年	遣僧家奴持書約和，斥女直國主名。女直國主遣塞剌復書，若歸叛人阿疏，遷黃龍府於別地，[5]然後圖之。	遣耶律張家奴、蒲蘇、阿息保、聶葛、絟石保、得里底等齎書使女直國，[6]斥其名，冀以速降。	張家奴等以女直國主書來，復遣張家奴以往。	張家奴等還，女直國主復書，亦指其名，諭之使降。遣蕭辭剌使女直國，以書辭不屈，見留。	都統斡里朵等及女直軍戰于白馬濼，[7]敗績。	女直軍下黃龍府。女直國主遣塞剌以書來報，若歸我叛人阿疏，即當班師。				

直攻瀋州。女軍下州。

[8]族人痕孚、鐸刺、吳十、撻不也、道刺、酬斡、平甲、盧古僕、闥刺離、韓七、吳十、那也

六年

					温、曷魯十三人皆歸女直國。[9]					

[1]天慶：遼天祚帝年號（1111—1120）。

[2]阿疏：女直紇石烈部首領。壽昌二年（1096），唐括部跋葛勃菫被温都部人跋忒殺害，生女直完顏部首領盈哥命其侄阿骨打率師討伐跋忒，然而竟爲紇石烈部的阿疏所阻。當盈哥親自率師前來討伐時，阿疏向遼求援。乾統三年（1103），盈哥病故，其兄劾里鉢之子烏雅束襲位，在位十一年。這期間，完顏部進一步加強了對生女真各部的控制。天慶三年（1113）十月，烏雅束病故，阿骨打襲位，稱"都勃極烈"。阿骨打襲位後，亦遣使至遼要求遣送阿疏。天慶四年，再次派遣宗室習古廼及完顏銀术可向遼索還阿疏。其實，他們的真實使命是要探聽遼朝虛實，索還叛人不過是個藉口。同年九月，阿骨打進軍寧江州。天慶六年阿疏反遼，失敗。《金史》卷六七有傳。

[3]阿息保：耶律阿息保（？—1122）。字特里典，五院部人。天慶初年，轉任樞密院侍御。金人起兵，於其邊境上築城，遼朝曾派遣阿息保前去責問。金兵攻陷寧江州後，又與耶律章奴等人帶着天祚帝書信東去見女直首領，被拘禁，很久纔逃回。待天祚親征敗績之後，阿息保轉任都巡捕使。六年，跟隨阿疏討伐耶律章奴，加領軍衛大將軍。後來阿疏反叛，阿息保被擒。阿疏失敗，乃得以回朝。天祚從廣平淀出逃，召阿息保，因未及時趕去進見，天祚便懷

疑他有貳心，將其殺害。本書卷一〇一有傳。

[4]寧江州：治所在今吉林省松原市寧江區伯都訥古城。

[5]黃龍府：治所在今吉林省農安縣。

[6]耶律張家奴：即耶律章奴（？—1115）。字特末衍，季父房後代。天慶四年，授東北路統軍副使。次年當天祚親征女直時，以章奴爲都監。大軍渡鴨子河，章奴與魏國王耶律淳的妻兄蕭敵里及其外甥蕭延留等謀立淳爲帝，誘軍隊將領和士卒三百餘人從前綫逃回。但耶律淳不配合他們行動。叛軍攻打上京不克，章奴於是逃往北方。順國女直阿鶻産率兵追趕將其擊敗，章奴伏誅。本書卷一〇〇有傳。　得里底：即蕭得里底（？—1122）。字糺鄰，晉王蕭孝先之孫。乾統元年，爲北面林牙、同知北院樞密事，受詔與北院樞密使耶律阿思懲治乙辛餘黨。阿思受賄，多爲乙辛餘黨減輕治罪，得里底也附會阿思的做法。女直初起，得里底阻礙發兵進討。後任北院樞密使，受到天祚信任。保大二年（1122），天祚率衛兵出逃，得里底離開天祚後，爲耶律淳所獲，不食數日而卒。本書卷一〇〇有傳。

[7]都統：官名。唐乾元中，始以都統名官，總諸道征伐。後若調諸道兵馬會戰，多置此職，爲臨時軍事長官，不賜旌節，事解即罷。遼設諸路兵馬都統署司，下有諸路兵馬都統署，都統爲其長官。

[8]瀋州：治所在今遼寧省瀋陽市。

[9]撻不也：即蕭撻不也。國舅郡王高九之孫。字幹里端。大康元年（1075），爲彰愍宮使，尚趙國公主，拜駙馬都尉。三年，改同知漢人行宮都部署。與北院宣徽使耶律撻不也善，乙辛嫉之，令人誣告謀廢立事。不勝拷掠，誣伏。上引問，昏瞶不能自陳，遂見殺。本書卷九九有傳。　酬斡：國舅少父房之後，字訛里本。年十四，尚越國公主，拜駙馬都尉。後因皇后蕭坦思（酬斡妹）失寵，詔酬斡與公主離婚，籍興聖宮，流烏古敵烈部。天慶中，以妹復尊爲太皇太妃，召酬斡爲南女直詳穩，遷征東副統軍。天慶六

年，東京高永昌叛，酬斡力戰，歿於陣。本書卷一〇〇有傳。據以上撻不也與酬斡傳，此二人不是此表中"歸女直"之人，應該是與其同姓名的人。　"族人痕孛"至"十三人皆歸女直國"：【劉校】據中華點校本校勘記，"按'那也温'如爲一人，則二'吳十'爲同時同姓名人；如'那也、温'爲二人，則吳十爲一人重出"。

七年	女直軍攻春州,[1] 女古、皮室四部及渤海人皆降。復下泰州。[2]									都元帥秦晉國王淳遇女直軍,[3] 戰于蒺藜山，敗績。女直軍復攻拔顯州。[4] 是歲，女直

												國主即皇帝位，建元天輔，[5]國號金。
八年	遣耶律奴哥等使金國，復議和好。保安軍節度使張崇以雙州民二百戶歸金國。[6]	耶律奴哥還，金主復書，大略言，如以兄事朕，歲貢方物，歸上、中京、興中	復遣奴哥使金國。		奴哥以書來，約不逾此月見報。復遣奴哥使金國，要以酌中之議。金主遣胡突袞與奴	遣奴哥齎三國書詔、表牒，復使金國。[8]通、祺、雙、遼四州之民八百餘戶歸	金朝復遣胡突袞以書來，免所取質，及上京、興中府所屬州郡，裁減歲幣之數；	奴哥、突迭復使金朝，議册禮。	突迭見留，奴哥還。	奴哥、突迭持金主書來。龍化州張應古、劉仲良、渤海二哥等率衆歸附金朝。[11]		以議定冊禮，遣奴哥使于金。寧昌軍節度使劉宏以懿州民戶三千歸金。[12]

寶、訛里野、特末、霍石、韓慶和、王伯龍等各率衆歸于金。[10]

如能以兄事朕，册用漢儀，可以如約。

附金朝。[9]

哥持書來，大略如前所約。

三路州縣，[7]以親王、公主、駙馬、大臣子孫爲質，及還我行人與元給信牌，并宋、夏、高麗往復書詔、表

			牒，可以如約。						

[1]春州：即長春州，治所在今吉林省前郭爾羅斯蒙古族自治縣塔虎城。

[2]泰州：治所在今吉林省白城市東南。

[3]秦晉國王淳：即耶律淳（1062—1122）。興宗第四孫，南京留守、宋魏王和魯斡之子。遼亡前夕保大二年（1122），在燕京立爲帝，年號建福，降封天祚先帝爲湘陰王。數月後死去，廟號宣宗。有傳，附於本書卷三〇《天祚皇帝本紀四》。

[4]顯州：治所在今遼寧省北鎮市。

[5]天輔：【劉注】金太祖完顏阿骨打年號（1117—1123）。

[6]保安軍：雙州軍號。《武經總要》前集卷一六下《戎狄舊地》，雙州，契丹號保安軍，有通吳軍營壘，東至逆流河二里入生女真界，西至遼州七十里，南至瀋州七十里，北至渝州百二十里。

[7]上：上京，遼前期都城。稱臨潢府，治所在今内蒙古自治區巴林左旗林東鎮波羅城。　中京：稱大定府，故址在今内蒙古自治區寧城縣大明城鎮。　興中：即興中府，治所在今遼寧省朝陽市。

[8]遣奴哥齎三國書詔、表牒，復使金國：【劉校】據中華點校本校勘記，“奴哥”原誤“胡突衮”。“按《紀》天慶八年六月稱‘遣奴哥等齎宋、夏、高麗書詔、表牒至金’；又按上下文胡突衮爲金使，奴哥爲遼使，據改”。今從。

[9]通：通州，治所在今吉林省四平市一面城古城遺址。《滿洲源流考》卷一〇《疆域》“按”歷述遼之通州與龍州之區別：“《遼史》既言改夫餘府爲龍州，又言改龍州爲通州，而所置諸縣

或沿或併，尚仍其舊，史有訛誤，疑遼之龍州，其地本廣，因燕頗之役，舊治已廢。開泰中移黃龍府於東北，又分置通州也。黃龍府所屬長平等縣爲扶州屬邑，通州所屬夫餘等縣即爲仙州屬縣也。又按渤海夫餘府與契丹爲鄰，未能過開原以北。遼之黃龍府境又稍廣。《舊五代史》言北至混江僅百里，則又《遼史》遷府於東北之明證也。” 祺：祺州，治所在今遼寧省康平縣張強古城。《滿洲源流考》卷一〇：“按遼祺州統慶雲縣，以所俘檀州密雲民建爲州治所，金廢州，以慶雲縣隸咸平府。元又廢縣爲慶雲驛，在今鐵嶺西北五十里。” 遼：遼州，治所故址在今遼寧省瀋陽市西北一百八十里新民縣。

[10]蕭寶、訛里野、特末、霍石、韓慶和、王伯龍等各率衆歸于金：【劉校】據中華點校本校勘記，“按《紀》天慶八年閏九月，‘蕭寶、訛里等十五人各率户降於金’。《金史》二太祖紀天輔二年（1118）閏九月，‘以降將霍石、韓慶和爲千户。九百奚部蕭寶、乙辛、北部訛里野、漢人王六兒、王伯龍、契丹特末、高從等各率衆來降’”。

[11]龍化州：地名。傳説契丹始祖奇首可汗居此，原稱龍庭。地當今内蒙古自治區奈曼旗東北。唐天復二年（902），阿保機成爲爲剌部夷离菫，破代北，遷徙代北居民，於此建州。《武經總要》前集卷一六下《戎狄舊地》：龍化州，州在木葉山東千。阿保機始置四樓，此即是東樓也。會病卒葬於西南山，即今祖州也。以所卒之地置州，曰“龍化門”，化州也。東至泉州二十里，西至降聖州五十里，西南至蔚州四十里，南至遂州二百里，北至夢送河五十里。

[12]懿州：據本書卷三七《地理志一·上京道》該州係“聖宗女燕國長公主以上賜媵臣户置。在顯州東北二百里”。 劉宏：【劉校】據中華點校本校勘記，原誤“劉完”，“按《紀》天慶八年十二月及《金史》二太祖紀、卷七五《孔敬宗傳》改”。

遣使送贊謨以還。

復遣蕭習泥烈、楊近忠先持册藥使于金。

金復遣烏林荅、贊謨持書來，責册文無兄事之語，不言"大金"，而云"東懷"及乖體式。如依前書所定，然後可

阻卜補疎只等反。

遣知夷离畢蕭習泥烈、大理寺提點楊勉等册金主爲東懷國皇帝。[1]

金遣烏林荅、贊謨持書來迎册禮。

九年

				從。楊詢卿、羅子韋率衆歸金。					
十年	金復遣贊謨以書并撰到册文副本以來,仍責乞兵于高麗。	以金朝所定册草内"大聖"二字與先世稱號相同,復遣習泥烈持書議之。	金主親師攻上京,已攻外郛,[2]留守撻不也出降。						
保大元年[3]			南京統軍耶律余覩率將吏户						

二年	金師克中京，進下澤州。[5]	金師敗奚王霞末于北安州，遂降其城。[6]	聞金師將出嶺西，遂趨白水濼。群牧使謨魯斡歸金。聞金師將及，輕騎以遁。殿前點檢耶律高八率衛士歸金。[7]	金師取西京。[8]		夏國遣兵來援，爲金師所敗。		親遇金師，戰于石輦驛，敗績。夏國遣曹介來問起居。[9]	奉聖州降金。[10]	蔚州降金。[11]	金師屯奉聖，上遁於落昆髓。	金主撫定南京。
				歸于金。[4]								

| 三年 | 遼興軍宜、錦、乾、顯、成、川、豪、懿等州降金。[12] | 興中府降金。歸德軍及隰、遷、潤三州欵附金。[13] | 金師至居庸關，[14] 耶律大石被擒。[15] 金師圍輜重於青塚硬寨。[16] 金遣人以書來招，回書請和。金帥以兵送族東 | 回金帥書，乞爲弟若子，量賜土地。夏國王李乾順請臨其國。 | 册李乾順爲夏國皇帝。 | | | | | |

行，乃遣兵邀戰于白水濼，爲金師所敗。金帥以書來招，以書答之，金帥復書，不許請和。

[1]夷离畢：遼官名。爲執政官，相當於副宰相參知政事。後來官分南、北，北面官有夷离畢院，主要掌刑政。

[2]金主親師攻上京已攻外郛：【劉校】據中華點校本校勘記，本書卷二八《天祚皇帝本紀二》作“金主親攻上京，克外郛”。

[3]保大：遼天祚帝年號（1121—1125）。

[4]耶律余覩（？—1121）：皇族。保大初年，曾任副都統。其妻是天祚文妃之妹，生晉王；蕭奉先之妹是天祚元妃，生秦王。奉先恐怕秦王不能繼承皇位，於是指使人誣陷余覩結納駙馬蕭昱等陰謀立晉王爲帝。天祚爲此殺蕭昱，賜文妃死。余覩在軍中得知此事後，恐怕不能自明而被誅，即率千餘士兵，連同軍帳中的親信叛歸女直。本書卷一〇三有傳。

[5]澤州：遼太祖俘蔚州民，在松亭關以北立寨居之，采煉陷河銀冶。開泰中大延琳反叛被鎮壓之後，原東京海州下轄的刺史州澤州民被遷移至此，置澤州。【劉注】遼代澤州治所在今河北省平泉市南二十里的會州城村。

[6]北安州：即大興州，治所在今北京市密雲區曹家寨東北。【劉注】一說遼代北安州治所在今河北省隆化縣隆化鎮土城子村古城址。

[7]殿前點檢：即殿前都點檢。周世宗設置殿前司，以都點檢、副都點檢爲正副長官，位在都指揮使之上，爲禁軍統帥。宋初廢。遼設殿前都點檢，爲南面軍官，當係模倣周制。

[8]西京：治所在今山西省大同市。

[9]曹介：【劉校】據中華點校本校勘記，本書卷二九《天祚皇帝本紀三》作“曹價”。

[10]奉聖州：即新州。治所在今河北省涿鹿縣。

[11]蔚州：治所在今河北省蔚縣。

[12]遼興軍：平州軍號。治所在今河北省盧龍縣。　宜：宜州，治所在今遼寧省義縣。　乾：乾州。《明一統志》卷二五《登州府》：“乾州城在廣寧衛西南七里，本漢無慮縣地，遼置乾州廣德軍。”李慎儒《遼史地理志考證》以爲乾州當在今遼寧省錦州市。

成：成州，治所在今遼寧省阜新蒙古族自治縣紅帽子鄉西紅帽子村古城址。據本書卷三九《地理志·中京道》該州係聖宗女晉國長公主以上賜媵臣戶置。在宜州北一百六十里。　川：即白川州。遼代州名。據《嘉慶重修一統志·承德府》，舊城在朝陽縣（今遼寧省朝陽市）東北六十七里。初置川州，會同中改爲白川州。【劉注】遼代川州，前期治所爲今遼寧省北票市南八家子鄉四家板村古城址；後期治所爲今遼寧省北票市黑城子鎮駐地黑城子村古城址。

[13]歸德軍：來州軍號。《武經總要》前集卷一六下《戎狄舊地》：來州，號歸德軍。女真國五部落相率來降，胡中因建州以居之。東至隰州七十里，西至遼州七十里，南至大海四十里，北至建州三百五十里。　隰：隰州。《武經總要》前集卷一六下《戎狄舊地》：隰州，遼主隆緒建爲州，東至海二百里，西至來州八十里，南至海五里，北至建州三百三十里。　隰、遷、潤三州：【劉校】據中華點校本校勘記，“潤”原誤“閏”。“據《紀》及《地理志》三改”。今從改。

[14]居庸關：要塞名。在北京市昌平區西北。《畿輔通志》卷四〇：“居庸關在昌平州西北二十四里，關門南北相距四十里。兩山夾峙，下有巨澗、懸崖峭壁，稱爲絶險。《淮南子》天下九塞，居庸其一也。”《水經注》：居庸關在上谷沮陽城東南六十里，絶谷累石，崇墉峻壁，山岫層深，側道褊狹，林障邃險，路僅容軌。杜氏《通典》：“北齊改居庸爲納款關，《唐十道志》居庸亦名薊門關，《新唐書·地理志》居庸關亦謂之軍都關。”

[15]耶律大石（1094—1143）：字重德，是遼太祖阿保機的八代孫。通漢文及契丹文字，且善騎射，是遼末契丹皇室中少有的文武全才。登天慶五年（1115）進士第。燕京陷落後，大石在保大四年（1124）七月脱離天祚。最初，他活動於今内蒙古自治區東部地區，要在契丹初興之地復興遼朝。但是由於抵擋不住金軍的攻擊，祇好步步向西北的遊牧部族地區退却，並在那裏“置北、南面官屬，自立爲王，率所部西去”。號召遊牧各部與他“共救君父”。大石沿襲遼朝傳統的政治體制，建立了有南北面官的政權。這個政權的實際首領雖是大石，但仍然承認天祚皇帝作爲遼朝合法君主的地位，這一政權爲以後西遼在中亞立國做了準備。大石約於1132年在八拉沙衮稱帝改元，號葛兒罕。復上漢尊號曰天祐皇帝，改元

延慶。本書卷三〇有傳，但所記時間未可盡信。

[16]青塚：即王昭君墓，在今内蒙古自治區呼和浩特市南面。

金師圍輜重於青塚硬寨：【劉校】據中華點校本校勘記，本書卷二九《天祚皇帝本紀三》保大三年四月所記，"硬寨"二字衍。

四年	金師來攻，上棄營北遁。特母哥歸金。						蕭撻不也、察剌歸金。	建州降金。[1]	興中府降金。	
五年	党項小斛禄遣人請臨其地。[2]上過沙漠，金師忽至，徒步出走。	上至應州新城，爲金帥完顏婁室等所獲。[3]								

[1]建州：地當今遼寧省朝陽市西八十里處。

[2]應州：治所在今山西省應縣。

[3]完顏婁室（1077—1130）：金女真完顏部人。字斡里衍。年二十一代父爲雅撻懶等七水部長。從阿骨打（金太祖）起兵，屢勝遼軍。以萬戶守黃龍府。進爲都統，從完顏杲取中京（今内蒙古自治區寧城縣大明鎮），與闍阇破西京（今山西省大同市），擒獲遼天祚帝後，取河中府（今山西省永濟縣西）、京兆府（今陝西省西安市附近）、鳳翔（今陝西省寶鷄市鳳翔區），進克延安府（今陝西省延安市），降境内諸州、寨、堡。與婆盧火守延安。進爲右副元帥，總陝西征伐諸軍事。

（李錫厚注　劉鳳翥校）

遼史　卷七一

列傳第一^[1]

后妃

肅祖昭烈皇后蕭氏	懿祖莊敬皇后蕭氏
玄祖簡獻皇后蕭氏	德祖宣簡皇后蕭氏
太祖淳欽皇后述律氏	太宗靖安皇后蕭氏
世宗懷節皇后蕭氏	世宗妃甄氏
穆宗皇后蕭氏	景宗睿智皇后蕭氏
聖宗仁德皇后蕭氏	聖宗欽哀皇后蕭氏
興宗仁懿皇后蕭氏	興宗貴妃蕭氏
道宗宣懿皇后蕭氏	道宗惠妃蕭氏
天祚皇后蕭氏	天祚德妃蕭氏
天祚文妃蕭氏	天祚元妃蕭氏^[2]

[1]列傳：原作“史傳”，明抄本、南監本、北監本和殿本均
作“列傳”。中華點校本、修訂本、補注本和長箋本徑改。今據改。

[2]“肅祖昭烈皇后蕭氏”至“天祚元妃蕭氏”：原本、南監

本、明抄本無，據北監本、殿本補。中華點校本、修訂本、補注本和長箋本有，但均未出校。

《書》始嬪虞，[1]《詩》興《關雎》。[2] 國史記載往往自家而國，以立天下之本。然尊卑之分不可易也。[3] 司馬遷列呂后于《紀》，[4] 班固因之而傳元后於外戚之後，[5] 范曄登后妃于《帝紀》。[6] 天子紀年以敘事謂之《紀》，后曷爲而紀之？ 自晉史列諸后以首《傳》，[7] 隋唐以來莫之能易也。[8]

[1]《書》：即《尚書》。　嬪虞：《尚書·堯典》：“釐降二女于嬀汭，嬪于虞。”堯以二女嫁舜，欲觀其治家能力。舜，虞氏，居嬀水之汭。虞舜能使二女行婦道於虞氏。故“嬪虞”寓行婦道之義。嬪，本義指帝王的女兒出嫁。

[2]《詩》：即《詩經》。　《關雎》：《詩經》第一篇的篇名，內容爲君子與淑女相愛而成婚之事。

[3]分（fèn）：名份。　易：變更。

[4]司馬遷（前145或前135—?）：人名。字子長，西漢左馮翊郡夏陽（今陝西省韓城市）人。中國古代著名的史學家，《史記》的作者。《漢書》卷六二有傳。　呂后：西漢高祖劉邦的皇后呂雉，山陰郡單父（今山東省單縣）人。《漢書》卷九七上有傳。　《紀》：紀傳體史書中的體裁之一，一般記一代帝王之事蹟，爲全史之綱。因爲呂后曾專權執政，無異帝王。故《史記》爲她立本紀。

[5]班固（32—92）：人名。字孟堅，東漢扶風郡安陵（今陝西省咸陽市）人。中國古代著名的史學家。著有《漢書》。《後漢書》卷四〇有傳。　元后：即指呂后，見《漢書》外戚傳。　外戚：此指《漢書》卷九七《外戚傳》。

[6]范曄（398—445）：人名。字蔚宗，順陽（今河南省淅川縣）人。南朝劉宋時期的著名史學家，著有《後漢書》。《宋書》卷六九有傳。《後漢書》在諸帝本紀之後爲后妃立紀。

[7]晉史：指記載晉朝史事的《晉書》。　傳："列傳"的簡稱。紀傳體史書中的體裁之一，主要記載歷史人物的事蹟。《晉書》之後的各正史均把后妃作爲列傳首篇。

[8]隋：朝代名。公元 581 年楊堅創建，公元 618 年亡於唐。
唐：朝代名。公元 618 年李淵創建，公元 907 年亡於後梁。

　　遼因突厥稱皇后曰"可敦"，[1]國語謂之"膩俚搴"，[2]尊稱曰"耨斡麼"，[3]蓋以配后土而母之云。[4]太祖稱帝，[5]尊祖母曰太皇太后，母曰皇太后，嬪曰皇后。[6]等以徽稱，[7]加以美號；質於隋唐，文於故俗。

　　后族唯乙室、拔里氏，[8]而世任其國事。太祖慕漢高皇帝，[9]故耶律兼稱劉氏，[10]以乙室、拔里比蕭相國，[11]遂爲蕭氏。

[1]突厥：古民族名。居於中國古代北方和西北地區，曾建立強大的突厥汗國，至公元六世紀分裂爲東西兩汗國。《周書》《北史》《隋書》《新唐書》《舊唐書》等書均有傳。當阿保機建立契丹王朝時，突厥汗國早已滅亡。這裏所謂"突厥"可能是指東突厥汗國的餘部。　可敦：又作"恪尊""可賀敦""哈敦"，中國古代鮮卑語、突厥語、契丹語、蒙古語等北方民族語言中"皇后"一詞的音譯。1980 年在今内蒙古自治区鄂倫春自治旗嘎仙洞發現的北魏太平真君四年（443）的石刻祝詞中即有"可敦"一詞。契丹語中的這個單詞是從其祖語鮮卑語那裏繼承下來的，並非突厥語借詞。

[2]國語：國家法定的通用語言。此處專指契丹語。遼朝是契丹族建立的王朝，並且兩次以"契丹"爲國號。契丹語是其境内通

用的主要語言，所以遼朝稱契丹語爲國語。　賦俚寋：本書卷一一六《國語解》作“忒里蹇”，契丹語“皇后”的漢譯音。

[3]耨斡麼（mó）：契丹語“地皇后”的漢譯音。耨斡，地。麼，本書卷一一六《國語解》作“麼”，母、后。據中華點校本校勘記，耨斡麼，《國語解》：“麼”作“麼”。

[4]后土：神祇名。即后土娘娘。全稱承天效法厚德光大后土皇地祇，是道教尊神“四御/六御”中的第四位天帝，她掌陰陽，育萬物，因此被稱爲大地之母。

[5]太祖：遼代皇帝耶律阿保機的廟號。詳見本書卷一和卷二《太祖本紀》。

[6]嬪：妻的美稱。

[7]等：按等級。　徽稱：美的稱號。

[8]后族：皇后的家族。　乙室：本書卷六七《外戚表》亦作“乙室己”，根據對契丹文字的解讀，“乙室己”應作“乙室己”。它與“拔里”均爲契丹族的部落名，借爲姓氏，後來均改稱蕭氏。此兩部與遼代皇族耶律氏世爲婚姻，故稱后族。

[9]漢高皇帝：指西漢高祖劉邦，沛縣豐邑（今江蘇省豐縣）人。《史記》卷八和《漢書》卷一均有其本紀。

[10]耶律：遼代契丹皇族的姓氏。據《新五代史》卷七二《四夷附錄第一》，阿保機“以其所居橫帳地名爲姓，曰世里。世里，譯者謂之耶律”。

[11]蕭相國：指西漢丞相蕭何，沛縣（今屬江蘇省）人。《史記》卷五三有世家，《漢書》卷三九有傳。

耶律儼、陳大任《遼史后妃傳》，[1]大同小異，酌取其當著于篇。

[1]耶律儼：遼人。本姓李，賜國姓，析津（今北京市）人。

官至參知政事、知樞密院事。修《皇朝實錄》七十卷。本書卷九八有傳。　陳大任：金人。曾參與纂修遼史。金初纂修《遼史》，先由廣寧尹耶律固承擔。未及成書，耶律固先亡，於是又由其門人蕭永祺續成。這部《遼史》有紀三十卷，志五卷和傳四十卷，紀、傳卷數與今本元修《遼史》相同。書成後，未曾刊行。後至金代章宗時期，先後有移剌履、賈鉉、党懷英及蕭貢等人參與刊修，至泰和七年（1207）由陳大任完成，但亦未刊行。金亡後，蕭永祺《遼史》稿本已散佚無存，陳大任《遼史》稿本也均已殘缺不全。《遼史后妃傳》：指耶律儼《皇朝朝錄》和陳大任《遼史》中的《后妃傳》。

　　蕭祖昭烈皇后蕭氏，[1]小字卓真，[2]歸蕭祖，[3]生四子，見《皇子表》。[4]乾統三年追尊昭烈皇后。[5]

　　[1]蕭祖：遼太祖耶律阿保機的高祖父耨里思的廟號。乾統三年（1103）所追尊。本書卷二《太祖本紀下》稱"頦領生耨里思，大度寡欲，令不嚴而人化，是爲蕭祖"。
　　[2]小字：小名。根據對契丹文字的解讀，"小字"亦稱"小名"。
　　[3]歸：出嫁。
　　[4]《皇子表》：本書卷六四的篇名。
　　[5]乾統：遼天祚帝耶律延禧年號（1101—1110）。

　　懿祖莊敬皇后蕭氏，[1]小字牙里辛。蕭祖嘗過其家，曰："同姓可結交，異姓可結婚。"知爲蕭氏，爲懿祖聘焉。生男女七人。乾統三年追尊莊敬皇后。

　　[1]懿祖：遼太祖耶律阿保機的曾祖父薩剌德的廟號。乾統三

年（1103）追尊。本書卷二稱"蕭祖生薩剌德，嘗與黃室韋挑戰，矢貫數札，是爲懿祖"。

　　玄祖簡獻皇后蕭氏，[1]小字月里朵。玄祖爲狼德所害，[2]后嫠居，恐不免，命四子往依鄰家耶律臺押，[3]乃獲安。太祖生，后以骨相異常，懼有陰圖害者，鞠之別帳。[4]重熙二十一年追尊簡獻皇后。[5]

　　[1]玄祖：遼太祖耶律阿保機的祖父匀德實的廟號。重熙二十一年（1052）七月追尊。本書卷二《太祖本紀下》稱"懿祖生匀德實，始教民稼穡，善畜牧，國以殷富，是爲玄祖"。
　　[2]玄祖爲狼德所害：據中華點校本校勘記，"狼德"各本作"狼德"，本書卷七五《耶律鐸臻傳》亦作"耶律狼德"。
　　[3]耶律臺押：人名。突呂不部人，遙輦時爲北邊拽剌（官名）。
　　[4]鞠：撫養，養育。
　　[5]重熙：遼興宗耶律宗真年號（1032—1055）。

　　德祖宣簡皇后蕭氏，[1]小字巖母斤，遙輦氏宰相剔剌之女。[2]男、女六人，太祖長子也。天顯八年崩，[3]祔德陵。[4]重熙二十一年追尊宣簡皇后。

　　[1]德祖：遼太祖耶律阿保機的父親撒剌的的廟號。唐契丹迭剌部首領。重熙二十一年（1052）七月追尊。本書卷二《太祖本紀下》稱"玄祖生薩剌的，仁民愛物，始置鐵冶，教民鼓鑄，是爲德祖"。
　　[2]遙輦氏：唐代中、晚期直至契丹建國前契丹族可汗的姓氏，

也泛指這一事期。 【李注】遙輦氏，契丹氏族。開元二十三年（734），可突于殘黨泥禮殺李過折，立阻午可汗，傳九世，至907年阿保機建國。遙輦九可汗繼位後各建宮衞，遼朝立國後，有遙輦九帳大常衮司之設，掌遙輦九世宮分之事務。 剔剌：人名。在本書中僅此一見。 宰相：【李注】契丹部族官。契丹可汗之下有北、南二府，各部族則分屬二府，故北宰相亦稱北府宰相，南宰相亦稱南府宰相。

〔3〕天顯八年崩：天顯，遼太祖耶律阿保機和遼太宗耶律德光共用的年號（926—938）。八年，據中華點校本校勘記，原誤“十一年”。本書卷三《太宗本紀上》載，天顯八年十一月辛丑“太皇太后崩”，此誤以“十一月”爲“十一年”。今據改。

〔4〕祔（fù）：合葬。 德陵：遼德祖的陵墓。今地不詳。

太祖淳欽皇后述律氏諱平，[1]小字月理朵。其先回鶻人糯思生魏寧舍利，[2]魏寧生慎思梅里，[3]慎思生婆姑梅里。[4]婆姑娶匀德恝王女，[5]生后于契丹右大部。[6]婆姑名月椀，[7]仕遙輦氏爲阿扎割只。[8]

〔1〕淳欽：遼太祖的皇后述律平的謚號。重熙二十一年（1052）八月所謚。 述律：遼代后族的姓氏之一。後來改爲蕭氏。

〔2〕回鶻：中國古代北方與西北地區民族名。【李注】即回紇。本突厥別部。北魏時稱袁紇，亦曰烏護、烏紇，至隋稱韋紇。大業元年（605），因反抗突厥的壓迫，與僕固、同羅、拔野古等成立聯盟，總稱回紇。唐天寶三載（.744）破東突厥，建政權於今鄂爾渾河流域，有今蒙古高原之地。唐時助平安史之亂，屢尚公主。唐貞元四年（788）自請改稱回鶻。開成五年（840），爲轄戛斯所破，部衆分三支西遷：一支遷吐魯番盆地，稱高昌回鶻或西州回鶻；一支遷蔥嶺以西楚河一帶，即蔥嶺以西回鶻；一支遷河西走廊，稱河

西回鶻。歷五代遼金，回鶻皆嘗入貢。元明時稱畏吾兒。其族在唐時奉摩尼教，宋元以來改奉伊斯蘭教。　糯思：人名。淳欽皇后的高祖父。據本書卷七三《蕭敵魯傳》，淳欽皇后之兄蕭敵魯的五世祖曰胡母里，應爲糯思之父。　魏寧：人名。淳欽皇后的曾祖父。
舍利：契丹語官名的音譯。

[3]慎思：人名。淳欽皇后的祖父。　梅里：契丹語音譯詞。官名。掌皇族之軍政的舍利司中的小官。

[4]婆姑梅里：據中華點校本校勘記，按本書卷三七《地理志一》作“容我梅里”。

[5]匀德恝（jiá）：人名。淳欽皇后的外祖父。亦即遼太祖耶律阿保機的祖父匀德實。本書卷七三《蕭敵魯傳》稱淳欽皇后之弟蕭敵魯的母親爲德祖女弟。

[6]右大部：契丹族的部落名。契丹族以東向爲尊，右爲南方。據本書卷三七《地理志一》，右大部後來建坤儀州。據馮永謙《遼上京道州縣叢考》，淳欽皇后的生地坤儀州的州治在今内蒙古自治區敖漢旗雙廟鄉五十家子村古城址。

[7]月椀：人名。婆姑的小名。

[8]阿扎割只：遙輦時代契丹語音譯詞。官名。所掌未詳。陳漢章《索隱》根據本書卷七三《蕭敵魯傳》，推測爲“決獄官”。遼代併入樞密院，是位在樞密使之下的墩官。

　　后簡重果斷，[1]有雄略。嘗至遼、土二河之會，[2]有女子乘青牛車，倉卒避路忽不見。未幾，童謠曰：“青牛嫗，曾避路。”蓋諺謂地祇爲青牛嫗云。

[1]簡重：莊嚴穩重。
[2]遼：河名。指今西遼河上游的支流西拉木倫河。　土：河名。即今老哈河。　會：匯流處。其地在今内蒙古自治區翁牛特旗

東部大興鄉。

太祖即位，群臣上尊號曰地皇后。神册元年大册，[1]加號應天大明地皇后。行兵御衆，后嘗與謀。太祖嘗渡磧擊党項，[2]黃頭、臭泊二室韋乘虛襲之，[3]后知，勒兵以待，奮擊，大破之，名震諸夷。

[1]神册：遼太祖耶律阿保機年號（916—922）。　大册：大加册封。

[2]党項：又稱党項羌，中國西北地區古代民族名。是古代羌人的一支。南北朝末期（六世紀後期）開始活動於今青海省東南部黃河上游和四川省松潘縣以西山谷地帶。當時“每姓別爲一部落，大者五千餘騎，小者千餘騎”，“俗尚武力，無法令，各爲生業，有戰陣則相屯聚，無徭役，不相往來。牧養犛牛、羊、豬以供食，不知稼穡”。隋、唐時期歸順朝廷並不時北遷。至宋朝寶元元年（1038），李元昊正式稱帝，建西夏國。詳見《隋書》卷八三《党項傳》和《舊唐書》卷一九八《党項羌傳》。

[3]黃頭：它與“臭泊”均爲室韋族中的部落名稱。　室韋：亦作“失韋”，中國東北地區古代民族名。至公元十世紀主要活動於今嫩江、綽爾河、額爾古納河及黑龍江流域。

時晉王李存勗欲結援，[1]以叔母事后。[2]幽州劉守光遣韓延徽求援，[3]不拜，太祖怒，留之使牧馬。后曰：“守節不屈，賢者也。宜禮用之。”太祖乃召延徽與語，大悦，以爲謀主。

[1]晉王：原本是唐昭宗於乾寧二年（895）給李克用所加的

封號。李克用死於公元908年，時唐朝已亡。其子李存勗自行承襲了此封號。　李存勗（885—926）：人名。即後唐莊宗。【李注】初嗣位爲晉王，據太原，與梁逐鹿中原。龍德三年（923）稱帝，國號唐，史稱後唐，都洛陽。同年十月攻陷大梁（今河南省開封市），後梁末帝死於兵間。三年後，李存勗也死於內亂。《新五代史》卷四至五、《舊五代史》卷二七至三四有本紀。

[2]叔母：公元905年，遼太祖耶律阿保機與李克用會盟於雲州（今山西省大同市），約爲兄弟。當時李克用曾對阿保機說：“弟助我精騎二萬，同收汴、洛。”說明阿保機比李克用年齡小。以此而論，李克用之子李存勗管耶律阿保機之妻淳欽皇后正應該叫叔母。

[3]幽州：治所故址在今北京市。　劉守光：人名。唐末五代將領。深州樂壽（今河北省獻縣）人。盧龍節度使劉仁恭之子。先奪其父之權，繼而僭號大燕皇帝。後被李存勗俘獲殺死。《新五代史》卷三九有傳。　韓延徽：人名。幽州幽都（今北京市）人。遼代開國功臣，官至政事令。本書卷七四有傳。

吳主李昇獻猛火油，[1]以水沃之愈熾，太祖選三萬騎以攻幽州。后曰：“豈有試油而攻人國者？”[2]指帳前樹曰：“無皮可以生乎？”太祖曰：“不可。”后曰：“幽州之有土有民，亦由是耳。吾以三千騎掠其四野，不過數年，困而歸我矣。何必爲此，萬一不勝爲中國笑，吾部落不亦解體乎！”其平渤海，[3]后與有謀。

[1]吳：割據政權名。五代十國時期的十國之一。《通鑑》卷二六九和《十國春秋》卷二均把吳向契丹獻猛火油繫於公元917年。此時的吳主爲楊隆演，並非李昇。李昇在吳始終爲臣而沒有爲君。　李昇（888—943）：五代十國南唐開國君主。　猛火油：即

石油。

[2]試油：據中華點校本校勘記，"油"原誤"饎"，據道光殿本及《通鑑》改。

[3]渤海：中國東北地區古代割據政權名。粟末靺鞨族大祚榮於公元698年所建，初稱靺鞨。開元元年（713），唐玄宗遣使封大祚榮爲渤海郡王，自是始去靺鞨之號，而專稱渤海。公元926年亡於契丹。共存續229年。《新唐書》卷二一九有傳。

太祖崩，后稱制，[1]攝軍國事。及葬，欲以身殉，親戚、百官力諫，因斷右腕納于枢。[2]太宗即位尊爲皇太后。[3]會同初上尊號曰廣德至仁昭烈崇簡應天皇太后。[4]

[1]稱制：行使皇帝權力。

[2]斷右腕：關於淳欽皇后斷腕有二説。一爲此處所説的斷腕置於枢中以代替殉死；二爲《通鑑》卷二七五所載，述律太后經常以"爲我達語於先帝"的手段把不馴服的舊臣押到太祖陵前殺掉，前後共殺了數百人之多。"最後，平州人趙思温當往，思温不行。后曰：'汝事先帝嘗親近，何爲不行？'對曰：'親近莫如后。后行，臣則繼之。'后曰：'吾非不欲從先帝於地下也，顧嗣子幼弱，國家無主，不得往耳。'乃斷一腕，令置墓中。思温亦得免。"此二説似均不可信。

[3]太宗：遼代皇帝耶律德光的廟號。

[4]會同：遼太宗耶律德光年號（938—947）。 廣德至仁昭烈崇簡應天皇太后："皇"字原本闕，中華點校本據本書卷二《太宗本紀下》會同元年十一月補。今從。

初，太祖嘗謂太宗必興我家，后欲令皇太子倍避之，[1]太祖册倍爲東丹王。[2]太祖崩，太宗立，東丹王避之唐。[3]太后常屬意於少子李胡。[4]太宗崩，世宗即位于鎮陽。[5]太后怒，遣李胡以兵逆擊。李胡敗，太后親率師遇于潢河之横渡。[6]賴耶律屋質諫，[7]罷兵。遷太后于祖州。[8]

[1]倍：即耶律倍（898—936）。【李注】遼太祖耶律阿保機長子漢名倍，契丹名圖欲（突欲）。生母爲淳欽皇后述律氏。天顯元年（926），遼滅渤海建東丹國，突欲被册爲人皇王，主東丹國政。阿保機死後，其母述律氏立德光，突欲被迫浮海投奔後唐。後唐明宗賜其姓名李贊華。清泰三年（遼天顯十一年，936）石敬瑭率軍攻入洛陽，後唐末帝李從珂約倍與之同死，倍不從，遇害。本書卷七二《義宗倍傳》也記載"神册元年春立爲皇太子"。然而，即使確有此事，耶律倍也是徒具"皇太子"名義而已。當時契丹皇太子並不被視爲法定繼承人，因此，阿保機死後，耶律倍還得與其弟德光一同參加選汗，而且最終竟被德光所排除。本書卷七二有傳。

[2]東丹：遼的藩屬國名。天顯元年，遼太祖耶律阿保機親自率兵滅渤海國。改渤海國名爲東丹，改渤海國上京忽汗城爲天福城，册封皇太子耶律倍爲人皇王，以主持東丹國的國政。至遼太宗時，把東丹國都遷至南京（今遼寧省遼陽市），繼而耶律倍奔後唐。東丹國遂名存實亡。逐漸成爲遼的直轄領土東京道。

[3]唐：五代時期的朝代名，史稱後唐。李存勗於公元923年所建，936年亡於後晉。耶律倍於公元930年奔後唐。

[4]李胡：即耶律李胡（911—960）。遼太祖耶律阿保機的第三子。本書卷七二有傳。

[5]世宗：遼代皇帝耶律阮的廟號。　鎮陽：地名。即鎮州，治所故址在今河北省正定縣。當時遼朝曾更名此地爲中京，爲時很短暫。

[6]潢河：即今内蒙古自治區赤峰市境内的西拉木倫河。　橫渡：渡口名。《契丹國志》卷二五《胡嶠陷北記》作“獨樹渡”。《通鑑》卷二八七後漢高祖天福十二年（947）六月條胡三省注作“沙河石橋”。即今潢河石橋。故址在今内蒙古自治區翁牛特旗毛山東鄉胡角吐村附近。

[7]耶律屋質（917—973）：人名。官至北院大王。其諫太后與世宗罷兵事詳見本書卷七七本傳。

[8]遷：實際是軟禁。　祖州：州名。因遼太祖的數代祖先均誕生於此而得名。治所故址在今内蒙古自治區巴林左旗查干哈達蘇木石房子嘎查附近。《契丹國志》卷一三稱把太后幽於太祖墓側的没打河。同書卷二五又説“囚太后于撲馬山”。

　　應曆三年崩，[1]年七十五，祔祖陵，[2]謚曰貞烈。[3]重熙二十一年更今謚。

[1]應曆：遼穆宗耶律璟年號（951—969）。

[2]祖陵：遼太祖耶律阿保機的陵墓。在今内蒙古自治區巴林左旗查干哈達蘇木石房子嘎查附近。

[3]貞烈：《羅校》云：“《韓橁墓誌》作‘聖元神睿貞烈皇后’。此失書‘聖元神睿’四字。”

　　太宗靖安皇后蕭氏，[1]小字温，淳欽皇后弟室魯之女。帝爲大元帥，[2]納爲妃，生穆宗。[3]及即位立爲皇后。性聰慧潔素，尤被寵顧，雖軍旅、田獵必與。天顯十年崩，謚彰德，葬奉陵。[4]重熙二十一年更今謚。

[1]太宗靖安皇后：《契丹國志》卷一三所説的太宗皇后與靖安皇后的事蹟有異。此處説皇后爲“室魯之女”，《契丹國志》則

謂“遼興節度使蕭延思之女也”。此處説皇后“天顯十年（936）崩”，《契丹國志》則謂“太宗崩于欒城，后時在國”。也就是説太宗於公元947年死後，皇后還活在國内。二者究竟是否爲同一個人？待考。

[2]大元帥：“天下兵馬大元帥”的簡稱。遼太宗於天贊二年（922）十一月被封爲天下兵馬大元帥。遼代獲此稱號者僅僅意味着有皇位繼承權，並不統率全國兵馬，軍權仍掌握在皇帝手中。

[3]穆宗：遼代皇帝耶律璟的廟號。

[4]奉陵：軍號名。據本書卷三七《地理志一》：“懷州，奉陵軍。”即靖安皇后葬懷州。懷州州城故址在今内蒙古自治區巴林右旗幸福之路蘇木崗根嘎查。

世宗懷節皇后蕭氏，小字撒葛只，淳欽皇后弟阿古只之女。[1]帝爲永康王納之，[2]生景宗。[3]天禄末立爲皇后。[4]明年秋，生萌古公主。[5]在蓐，[6]察割作亂，[7]弑太后及帝。[8]后乘步輦，直詣察割，請畢收殮。明日遇害。謚曰孝烈皇后。重熙二十一年更今謚。

[1]阿古只：亦作“遏古只”“阿骨只”，即蕭阿古只。遼太祖的佐命功臣之一。本書卷七三有傳。蕭阿古只是遼世宗的舅爺爺，懷節皇后是遼世宗的表姑，近親結婚和娶親不論輩份，是遼代契丹人司空見慣的婚俗。

[2]永康王：遼世宗耶律阮即位前的爵位。大同元年（947）二月所封。

[3]景宗：遼代皇帝耶律賢的廟號。《契丹國志》卷一三説景宗爲甄氏所生。

[4]天禄：遼世宗耶律阮年號（947—951）。

[5]萌古：人名。此萌古公主不見本書卷六五《公主表》。羅

繼祖《遼史校勘記》："《公主表》：'世宗三女，皆懷節皇后生，撒刺第三。'殆萌古公主？"

[6]在蓐（rù）：正在坐月子。蓐，草席。

[7]察割：人名。即耶律察割。本書卷一一二有傳。

[8]太后：指世宗生母柔貞皇后蕭氏。大同元年八月朔日被尊爲太后。與會同三年（940）七月所薨的人皇王妃蕭氏不是一人。

世宗妃甄氏，後唐宮人，有姿色。帝從太宗南征得之，寵遇甚厚，生寧王只没。[1]及即位立爲皇后。嚴明端重，風神閑雅。内治有法，莫干以私。劉知遠、郭威稱帝，[2]世宗承强盛之資，奄奄歲時。后與參帷幄，密贊大謀，不果用。察割作亂，遇害。景宗立，葬二后于翳巫閭山，[3]建廟陵寢側。[4]

[1]只没：人名。本書卷一〇《聖宗本紀一》統和元年（983）正月條作"質睦"，乃同一個契丹語人名的異譯。景宗時封寧王。保寧八年（976）七月免爵。統和元年復封寧王，善作詩。其事詳見本書卷六四《皇子表》。

[2]劉知遠（894—948）：五代後漢開國皇帝。【李注】其先是沙陀部人。初爲後唐明宗偏將。後與桑維翰一同爲石敬瑭謀劃，助其稱帝。後晉天福間，爲鄴都留守，後拜河東節度使、北京留守。出帝即位，封北平王。開運四年（947）初，契丹滅後晉，同年二月，稱帝。六月至汴京，改國號漢。《新五代史》卷一〇《舊五代史》卷九九至一〇〇均有紀。　郭威（904—954）：五代後周開國皇帝。【李注】字文仲，邢州堯山（河北省隆堯縣）人。早年孤貧，十八歲應募從軍。天福十二年（947）助劉知遠建立後漢。乾祐元年（948）正月，劉知遠死，隱帝劉承祐繼位，以郭威爲樞密使。威率軍平定河中李守貞等反叛，打退契丹攻擊。三年，拜鄴都

留守，節制河北諸州。然而，隱帝謀殺郭威及其他將領，事泄，威於同年十一月舉兵，攻入開封。次年，即位，國號周，史稱後周，改元廣順，在位三年，以病卒。《新五代史》卷一一和《舊五代史》卷一一〇至一一三均有紀。

[3]豎巫閭山：在今遼寧省北鎮市。

[4]陵寢：指遼世宗的顯陵。在今遼寧省北鎮市。據《契丹國志》卷一三，甄后陵寢廟碑的碑文爲翰林學士李昉撰。

穆宗皇后蕭氏，父知璠，[1]內供奉翰林承旨。[2]后生，有雲氣馥郁久之。幼有儀則。[3]帝居藩納爲妃。[4]及正位中宮，[5]性柔婉，不能規正。無子。[6]

[1]知璠：即蕭知璠。

[2]內供奉翰林承旨：官名。翰林院屬官。供職於皇帝左右，隨時應對咨問。

[3]儀則：容儀的準則。《契丹國志》卷一三作“幼有儀觀，進趨軌則”。

[4]居藩：居住在藩邸的時候，即還沒有當皇帝的時候。　納：娶進來。

[5]正位中宮：確定了皇后的地位。正位，確定了地位。中宮，皇后的住處，用爲皇后的代稱。

[6]無子：《契丹國志》卷五説遼穆宗“體氣卑弱，惡見婦人”“嬪御滿前，竝不一顧”。所以無子。

景宗睿智皇后蕭氏，[1]諱綽，小字燕燕，[2]北府宰相思溫女。[3]早慧。思溫嘗觀諸女掃地，惟后潔除，喜曰：“此女必能成家。”帝即位選爲貴妃，[4]尋册爲皇后，生聖宗。[5]

[1]睿智：諸本均作“睿知”。據中華點校本改。馮氏《初校》最早校出《本紀》卷二〇作“睿智”。

[2]燕燕：即蕭燕燕。《長編》卷一〇宋太祖開寶二年（969）條説蕭燕燕是蕭守興之女。同書卷五五宋真宗咸平六年（1003）七月條又説景宗皇后蕭氏爲挾力宰相之女。應以本書爲準。本書卷八保寧五年（973）三月條提到皇后的祖父爲胡母里，兩個伯父分別爲胡魯古、尼古只。

[3]北府宰相：官名。遼朝官分南、北面。北面官中又有北、南宰相府。北府宰相掌佐理軍國之大政。后族世預其選。　思温（？—970）：人名。即蕭思温。小字寅古。【李注】宰相蕭敵魯族弟忽没里之子。通書史。穆宗時爲南京留守，但畏懦不敢戰。應曆八年（958），周占束城，遼軍退渡滹沱河而屯，思温飾他説請濟師。已而，後周圍瀛州，陷益津、瓦橋、淤口三關，迫近固安，思温不知計所出。十九年（969），穆宗遇弑。思温與南院樞密使高勳、飛龍使女里等立景宗。保寧初，爲北院樞密使，兼北府宰相，仍命世預其選。思温女册爲皇后（即睿智皇后），加尚書令，封魏王。保寧二年（970），爲賊所害。本書卷七八有傳。

[4]貴妃：地位高的妃子，次於皇后。

[5]聖宗：遼代皇帝耶律隆緒的廟號。

　　景宗崩，尊爲皇太后，攝國政。后泣曰：“母寡子弱、族屬雄強、邊防未靖，[1]奈何？”耶律斜軫、韓德讓進曰：[2]“信任臣等，何慮之有！”於是后與斜軫、德讓參决大政，委于越休哥以南邊事。[3]統和元年上尊號曰承天皇太后。[4]二十四年加上尊號曰睿德神略應運啓化承天皇太后。[5]二十七年崩，[6]謚曰聖神宣獻皇后。重熙二十一年更今謚。

[1]子弱：兒子年少。當時蕭綽的長子遼聖宗耶律隆緒纔十二歲。

[2]耶律斜軫（？—999）：字韓隱，于越曷魯之孫。保寧初受命節制西南面諸軍，仍援河東。改南院大王。乾亨元年（979）秋，宋軍攻下河東，乘勝襲燕，高梁河一戰，他與耶律休哥分左右翼夾擊，大敗宋軍。統和初，承天皇太后蕭綽稱制，益見委任，爲北院樞密使。四年（986）宋軍三路來攻，斜軫指揮擊退西路來攻的宋軍，以功加守太保。本書卷八三有傳。　韓德讓（942—1011）：又名韓德昌、耶律隆運，其契丹語全名爲 𖿩𖿪 𖿫𖿬 𖿭𖿮（興寧·姚哥）。遼聖宗時期的賢相。韓匡嗣第四子，統和初年承天稱制，韓德讓以南院樞密使的身份“總宿衛事”。統和十七年，北院樞密使、魏王耶律斜軫病故，承天太后以韓德讓兼知北院樞密使事，至此，遼朝的蕃漢軍政大權就集於其一身。統和二十二年，承天太后又賜韓德讓姓耶律，徙封晉王，並且仍舊爲大丞相，事無不統。次年十一月，她又詔德讓“出宮籍，屬於橫帳”。二十八年更名耶律隆運。本書卷八二有傳。據羅繼祖《遼承天后與韓德讓》（《吉林大學社會科學學報》1962年第3期）一文的考證，承天后改嫁給了韓德讓。

[3]于越：契丹語音譯詞。官名。貴官，無固定職掌，位在北、南大王之上。非有大功德者不授與。　休哥（？—998）：即耶律休哥，遼景宗和聖宗時期的傑出將帥。本書卷八三有傳。據契丹小字《耶律奴墓誌銘》，休哥死後葬於今遼寧省阜新蒙古族自治縣大板鎮腰衙門村。

[4]統和：遼聖宗耶律隆緒年號（983—1012）。

[5]睿德神略應運啓化承天皇太后：《契丹國志》卷一三作“睿德神略應運啓化法道洪仁聖武開統承天皇太后”。多“法道洪仁聖武開統”八個字。

[6]二十七年崩：據本書卷一四《聖宗本紀五》，皇太后崩於

統和二十七年十二月辛卯（十一日）。《契丹國志》卷一三説承天太后享年五十七歲。《長編》卷七二大中祥符二年（1009）十二月條亦説太后卒于辛卯日，並説享年五十七歲。以此推算，太后應生於遼應曆三年（953）。同書卷五五咸平六年（1003）條根據降宋遼人李信的報告説"蕭氏今年五十"。以此推算，承天太后應生於公元954年。這可能是李信的報告於頭一年寫就，次年被史官照原文採入實録所致。承天太后的生年應以公元953年爲準。《宋會要輯稿·蕃夷二》説承天太后卒於十二月十二日。此説不足取。

后明達治道，聞善必從，故羣臣咸竭其忠。習知軍政，澶淵之役，[1]親御戎車，指麾三軍，賞罰信明，將士用命。聖宗稱遼盛主，后教訓爲多。

[1]澶淵：地名。即澶州，因古稱澶淵，故名。澶州治所在今河南省濮陽市西南。統和二十二年（1004）十一月，承天太后曾親自率兵侵宋至此。雙方通過使臣談判，最後達成澶淵盟約。盟約規定：各自維持固有疆界，互不相侵。宋朝每年贈給契丹銀十萬兩、絹二十萬匹。戰爭經過和談判過程以及盟約全文詳載於《長編》卷五七至五八。

聖宗仁德皇后蕭氏，小字菩薩哥，睿智皇后弟隗因之女。[1]年十二，美而才，選入掖庭。[2]統和十九年册爲齊天皇后。[3]

[1]隗因：人名。即蕭隗因。《長編》卷一一〇説齊天皇后是平州節度使蕭思偎之女，耶律隆運之甥。《韓匡嗣墓誌銘》和《韓匡嗣妻蕭氏墓誌銘》均提到韓匡嗣的次女嫁給了遼興軍節度使、太尉、同政事門下平章事蕭猥恩。《長編》中的"思偎"乃"猥恩"

之誤。"隗因"與"猥恩"爲同名異譯。齊天皇后的母親爲韓匡嗣之次女。韓匡嗣是齊天皇后的外祖父，韓德讓是齊天皇后的舅父。

[2]掖庭：宮中旁舍，妃嬪居住的地方。

[3]册爲齊天皇后：本書卷一四《聖宗本紀五》統和十九年（1001）條，聖宗原有皇后蕭氏（失名），於此年三月壬辰（二十日）以罪降爲貴妃，蕭菩薩哥從而補了缺，於當年五月丙戌（十五日）被册爲齊天皇后。《長編》卷一一〇天聖九年（1031）六月條作"加號仁慈翊聖齊天彰德皇后"。《耿延毅墓誌銘》和《白川州陀羅尼經幢記》均作"齊天彰德皇后"。

　　嘗以草莛爲殿式，[1]密付有司，令造清風、天祥、八方三殿。[2]既成，益寵異。[3]所乘車置龍首鴟尾，[4]飾以黃金。又造九龍輅、諸子車，以白金爲浮圖，[5]各有巧思。夏秋從行山谷間，花木如繡，車服相錯，人望之以爲神仙。

[1]草莛：草的稭稈，草莖。

[2]清風：殿名。具體位置失載。　天祥：殿名。具體位置失載。　八方：殿名。【李注】八方殿爲廣平淀冬捺鉢宮殿之一。位於鹿皮帳北，又稱八方公用殿。

[3]益寵異：越發異常地受寵。《遼陵石刻集録》所載仁德皇后哀册拓本稱"寵專萬乘"。

[4]鴟尾：亦稱蚩尾、鴟吻。宮殿屋脊正脊兩端構件上的裝飾。以外形如鴟尾而得名。

[5]白金：指銀。　浮圖：亦作"浮屠"，梵語"佛"的音譯。

　　生皇子二，皆早卒。開泰五年宮人耨斤生興宗，[1]后養爲子。帝大漸，耨斤詈后曰："老物寵亦有既耶！"

左右扶后出。帝崩，耨斤自立爲皇太后，[2]是爲欽愛皇后。[3]護衛馮家奴、喜孫等希旨，[4]誣告北府宰相蕭浞卜、國舅蕭匹敵謀逆。[5]詔令鞫治，連及后。[6]興宗聞之，曰："皇后侍先帝四十年，撫育眇躬，當爲太后；今不果，反罪之，可乎？"欽哀曰："此人若在，恐爲後患。"帝曰："皇后無子而老，雖在，無能爲也。"欽哀不從，遷后于上京。[7]

[1]開泰：遼聖宗耶律隆緒年號（1012—1021）。　耨斤：人名。即欽愛皇后蕭耨斤。本書本卷有傳。　興宗：遼代皇帝耶律宗真的廟號。本書卷一九《興宗本紀二》開泰五年二月條"戊戌（二十三日），皇子宗真生"。

[2]皇太后：原本誤作"皇大后"，明抄本、南監本、北監本和殿本均作"皇太后"。中華點校本、修訂本、補注本和長箋本徑改。今據改。

[3]欽愛：原本作"欽哀"，聖宗皇后蕭耨斤的謚號。據本書卷二一《道宗本紀一》，清寧四年（1058）五月朔日，蕭耨斤始被謚爲欽哀皇后。又據《遼陵石刻集録》所載該皇后的哀冊篆蓋拓本作"欽愛"而不作"欽哀"。應以哀冊篆蓋爲準。據改，下同。又據《長編》卷一一〇天聖九年（1031）六月條。聖宗在世時，蕭耨斤僅爲順聖元妃，並不是皇后。其皇后的稱號是追封的。

[4]喜孫：人名。即耶律喜孫。本書卷九七有傳。

[5]蕭浞（zhuó）卜：人名。據本書卷八八《蕭匹敵傳》，他是仁德皇后之弟。與本書卷一八《興宗本紀一》的蕭鉏不里爲同一個人的同名異譯。　國舅：指皇帝的母舅或妻舅。　蕭匹敵：人名。本書卷八八有傳。

[6]連及：牽連涉及。據本書卷六二《刑法志下》，與仁德皇后有姻親而連坐獲罪者四十餘人，皆被大辟。

[7]上京：地名。遼的首都。五京之一。故址在今內蒙古自治區巴林左旗林東鎮。

車駕春蒐，[1]欽愛慮帝懷鞠育恩，馳遣人加害。使至，后曰："我實無辜，天下共知。卿待我浴，而後就死，可乎？"使者退。比反，后已崩，年五十。[2]是日，若有見后于木葉山陰者，[3]乘青蓋車，衛從甚嚴。追尊仁德皇后。[4]與欽愛並祔慶陵。[5]

[1]春蒐：春季打獵。本書卷一八《興宗本紀一》重熙元年（1032）"二月，大蒐"。蒐，打獵。典出《左傳·隱公五年》："春蒐、夏苗、秋獮、冬狩。"

[2]年五十：據本書卷一五《聖宗本紀六》，仁德皇后崩於重熙元年春。以享年五十歲推算，皇后當生於統和元年（983）。

[3]木葉：契丹語"大"的音譯。"木葉山"即"大山"。既可專稱某一大山，也可泛稱大山。遼代木葉山有多處。此處的木葉山指遼祖陵附近的木葉山。

[4]追尊仁德皇后：據本書卷二〇《興宗本紀三》，重熙二十一年九月癸亥（二十一日），謚齊天皇后爲仁德皇后。

[5]慶陵：遼代的陵名。廣義的慶陵包括永慶陵（俗稱東陵）、永興陵（俗稱中陵）和永福陵（俗稱西陵）三陵。狹義的慶陵僅指遼聖宗與其兩個皇后合葬的永慶陵。陵在今內蒙古自治區巴林右旗索博日嘎鎮瓦林茫哈地方（"索博日嘎"爲蒙古語"白塔"的音譯。因爲當地有遼代慶州白塔而得名。"瓦林茫哈"爲蒙古語"有瓦片的沙灘"之音譯。因當地沙灘上有許多遼代陵寢建築倒塌後遺留的瓦礫而得名）。據仁德皇后哀冊文拓本，仁德皇后的屍骨是在大康七年（1081）十月初八日由祖州西之玄寢遷祔於永慶陵的。

聖宗欽愛皇后蕭氏，小字耨斤，淳欽皇后弟阿古只五世孫。[1]黝面，狠視。[2]母嘗夢金柱擎天，[3]諸子欲上不能；后後至，與僕從皆陞。異之。

[1]五世孫：據萬熊飛、韓世明、劉鳳翥《契丹小字〈梁國王墓誌銘〉考釋》（《燕京學報》新第25期，北京大學出版社2008年版）一文，一世阿古只宰相、二世鐵剌太師、三世普古令公、四世解里·桃隈國王、五世耨斤。據本書卷八七《蕭孝穆傳》，耨斤父爲蕭陶瑰。耨斤之父即宋魏國妃的曾祖父，漢字《宋魏國妃墓誌銘》稱"曾祖名解里，小名桃隈，追贈齊國王"。又據《蕭德溫墓誌》，耨斤之父漢名爲"蕭和"。《蕭和妻秦國太妃耶律氏墓誌銘》稱蕭和又名"諧領"。《契丹國志》卷一三說耨斤父爲突忽，追封陳王。"突忽"即"陶瑰""桃隈"的異譯，爲契丹語名字的小名。"解里"即"諧領"的異譯，爲契丹語名字的"第二個名"。

[2]狠視：瞪着眼看人，言其兇狠相。《契丹國志》卷一三說她的性格"慎靜寡言""殘忍陰毒"。

[3]母：即秦國太妃。據《蕭和妻秦國太妃墓誌銘》，蕭和之妻即蕭耨斤之母是遼太祖耶律阿保機之弟許國王亞思（寅底石）的曾孫女，大内惕隱旻隱之孫女，贈中書令陶寧之長女。生於應曆八年（958），卒於重熙十四年（1045）。享年八十八歲。"淑慧無方，柔佳有章。鍾越婺之星光，郁燕蘭之國香"。先後被封爲吳越國太夫人、魏國太妃、齊國太妃、秦國太妃。死後葬今遼寧省阜新蒙古族自治縣關山馬掌窪。

久之，入宮。嘗拂承天太后榻，獲金雞，[1]吞之，膚色光澤勝常。太后驚異，曰："是必有奇子！"已而生興宗。仁德皇后無子，取而養之如己出。后以興宗侍仁德皇后謹，不悅。聖宗崩，令馮家奴等誣仁德皇后與蕭浞卜、蕭匹敵等謀亂，徙上京，害之。自立爲皇太后，攝政，以生辰爲應聖節。[2]

[1]金雞：可以理解爲一種宮廷健美丸藥。

[2]以生辰爲應聖節：本書卷二〇《興宗本紀三》重熙二十二年（1053）十二月條，“庚子，應聖節，曲赦徒以下罪”。此月朔日爲丙申，庚子爲初五日。從而得知欽愛皇后的生辰即應聖節爲十二月初五日。

重熙元年尊爲仁慈聖善欽孝廣德安靖貞純寬厚崇覺儀天皇太后。[1]三年，后陰召諸弟議，[2]欲立少子重元，[3]重元以所謀白帝。帝收太后符璽，遷于慶州七括宮。[4]六年秋，[5]帝悔之，親馭奉迎，侍養益孝謹。后常不懌。帝崩，殊無戚容。見崇聖皇后悲泣如禮，[6]謂曰：“汝年尚幼，何哀痛如是！”

[1]仁慈聖善欽孝廣德安靖貞純寬厚崇覺儀天皇太后：本書卷一八《興宗本紀一》重熙元年（1032）條有：“十一月己卯，帝率群臣上皇太后尊號曰法天應運仁德章聖皇太后。”本書卷二〇《興宗本紀三》重熙二十三年十一月條有：“壬申，帝率群臣上皇太后尊號曰仁慈聖善欽孝廣德安靜貞純懿和寬厚崇覺儀天皇太后。”列傳中的尊號乃重熙二十三年所上，並非重熙元年所上。

[2]召諸弟議：本書本卷興宗仁懿皇后條有“欽哀皇后弟孝穆”。據《大契丹國故晉國夫人墓誌銘》，蕭耨斤共有兄弟五人。長曰孝穆，次曰孝先，三曰孝誠，四曰孝友，五曰孝惠。年長者孝穆既爲蕭耨斤之弟，其他孝先、孝誠、孝友、孝惠四人亦爲欽哀皇后之弟。本書卷八七《蕭孝先傳》有“三年，太后與孝先謀廢立

事"。可見太后的次弟孝先是參與謀廢立的太后的諸弟之一。還有
何弟參與，史書失載。《契丹國志》卷一三説欽哀皇后有"三兄二
弟"，誤。

[3]重元：人名。即耶律重元。本書卷一一二有傳。漢字《耶
律仁先墓誌銘》作"宗元"。據《長編》卷一七七宋仁宗至和元年
（1054）九月辛巳條，宋朝吏部侍郎王拱辰作爲回謝使出使契丹時，
"契丹國母愛其少子宗元，欲以爲嗣。問拱辰曰：'南朝太祖、太宗
何親屬也？'拱辰曰：'兄弟也。'曰：'善哉，何其義也。'契丹主
（指遼興宗）曰：'太宗、真宗何親屬也？'拱辰曰：'父子也。'曰：
'善哉，何其禮也。'既而契丹主屏人，謂拱辰曰：'吾有頑弟，他
日得國，恐南朝未得高枕也'"。説明直至遼興宗晚年，其母蕭耨
斥仍欲立重（宗）元爲帝。即使不能取而代之，也要兄終弟及。

[4]慶州：州名。治所故址在今内蒙古自治區巴林右旗索博日
嘎鎮。　七括宮：宮名。《契丹國志》卷一三記載囚太后於慶州事
較詳："太后之廢也，諸舅滿朝，權勢灼奕，帝懼内難，乃與殿前
都點檢耶律喜孫、護衛太保耶律劉三等定謀廢后。召硬寨拽剌護衛
等凡五百餘人，帝立馬於行宮東之二里小山上，喜孫等直入太后
宫，驅后登黄布車，幽于慶州。諸舅以次分兵捕獲，或死或徙，餘
黨並誅。"

[5]六年秋：本書卷一八《興宗本紀一》把迎回皇太后事繫於
重熙八年七月。《契丹國志》卷一三有"帝聽講《報恩經》，感悟，
迎回太后"。

[6]崇聖皇后：遼興宗仁懿皇后蕭撻里的尊號。本書本卷有傳。

清寧初尊爲太皇太后。[1]崩，[2]諡曰欽愛皇后。

[1]清寧：遼道宗耶律洪基年號（1055—1064）。　尊爲太皇
太后：本書卷二一《道宗本紀一》把尊皇太后爲太皇太后事繫於清

寧元年（1055）九月庚午（十五日）。

　　[2]崩：據《遼陵石刻集録》所載欽愛皇后哀册拓本，太皇太后蕭耨斤於清寧三年十二月二十七日崩於中會川之壽安殿。次年五月四日祔葬於永慶陵。

　　　　后初攝政，追封曾祖爲蘭陵郡王，[1]父爲齊國王，[2]諸弟皆王之，[3]雖漢五侯無以過。[4]

　　[1]追封曾祖爲蘭陵郡王：據萬熊飛、韓世明、劉鳳翥《契丹小字〈梁國王墓誌銘〉考釋》（《燕京學報》新第25期，北京大學出版社2008年11月版），欽愛皇后的曾祖父爲鐵剌太師。

　　[2]父爲齊國王：本書卷八七《蕭孝穆傳》説蕭耨斤之弟蕭孝穆的父親爲陶瑰。《大契丹國晉國夫人墓誌銘》有“父諧里，贈魏王”。晉國夫人爲欽愛皇后之胞妹。《蕭德温墓誌銘》稱蕭德温爲蕭孝穆之孫。墓誌中還説：“故贈魏國王諱和、秦國太妃耶律氏，曾王父母也。”《宋魏國妃墓誌銘》中説“曾祖名解里，小名桃隈，追贈齊國王”。“諧里”與“解里”是同名異譯，“陶瑰”和“桃隈”亦是同名異譯。從而得知欽愛皇后的父親契丹語名字第二個名爲諧里（解里），契丹語小名爲陶瑰（桃隈），另有漢語名字爲和。先後有魏王、晉國王、齊國王等封爵。根據契丹小字《宋魏國妃墓誌銘》第四行和《梁國王墓誌銘》第三行，蕭耨斤之父的契丹小字的契丹語名字作 𒀭𒀭，音譯成漢字爲“解里·桃隈”。其實“解里”僅僅音譯的 𒀭 字中的詞幹 𒀭 的音，省略了擬音爲“ni”詞尾 伏 的音。音譯成“諧領”更接近於契丹語的讀音。

　　[3]諸弟皆王之：本書卷八七《蕭孝穆傳》説蕭孝穆“興宗即位，徙王秦”。蕭孝先“重熙初，封楚王”。蕭孝友於重熙元年（1032）“封蘭陵郡王”。《大契丹國故晉國夫人墓誌銘》説蕭孝穆爲吳國王，蕭孝先爲晉王，蕭孝誠爲蘭陵郡王，蕭孝友爲蘭陵郡

王，蕭孝惠爲楚王。《欽愛皇后哀册》稱"若昆若季，乃王乃侯。一門之盛，千古無儔"。

[4]漢五侯：據《漢書》卷九八《元后傳》，漢成帝河平二年（前27），封國舅王譚爲平阿侯，王商爲成都侯，王立爲紅陽侯，王根爲曲陽侯，王逢時爲高平侯。五人同日封侯，所以當時人稱之爲"五侯"。

興宗仁懿皇后蕭氏，小字撻里，欽愛皇后弟孝穆之長女。[1]性寬容，姿貌端麗。帝即位，入宮，生道宗。[2]重熙四年立爲皇后。二十三年號貞懿慈和文惠孝敬廣愛崇聖皇后。

[1]孝穆（？—1043）：人名。即蕭孝穆，小字胡獨堇，淳欽皇后弟阿古只五世孫。本書卷八七有傳。

[2]道宗：遼代皇帝耶律洪（弘）基的廟號。

道宗即位尊爲皇太后。[1]清寧二年上尊號曰慈懿仁和文惠孝敬廣愛宗天皇太后。九年秋，敦睦宮使耶律良以重元與其子涅魯古反狀密告，[2]太后乃言于帝。帝疑之，太后曰："此社稷大事，宜早爲計。"帝始戒嚴。及戰，太后親督衛士，破逆黨。大康二年崩，[3]謚仁懿皇后。[4]

[1]尊爲皇太后：據本書卷二一《道宗本紀一》，尊爲皇太后是在清寧元年（1055）九月丙子（二十一日）。《契丹國志》卷一三稱"洪基即位，尊爲睿聖洪慈順天皇太后"。

[2]敦睦宮：遼代孝文皇太弟耶律隆慶的宮衛。詳見本書卷三

一《營衛志一》。敦睦宮使爲官名。詳見本書卷四五《百官志一》。

耶律良：人名。本書卷九六有傳。　涅魯古：人名。本書卷一一二有傳。漢字《耶律仁先墓誌銘》作“涅里骨”。

[3]大康：遼道宗耶律洪基年號（1075—1084）。　崩：據劉鳳翥、唐彩蘭、青格勒編著《遼上京地區出土的遼代碑刻彙輯》著録的漢字《仁懿皇后哀册文》，皇后於大康二年三月六日崩於韶陽川之行在所。同年六月十日祔葬於永興陵。又據《遼上京地區出土的遼代碑刻彙輯》著録的契丹小字《仁懿皇后哀册文》，仁懿皇后享年六十二歲。由此推算，仁懿皇后當生於開泰四年（1015）。

[4]謚仁懿皇后：本書卷二三《道宗本紀三》大康二年條有“夏六月乙酉朔，上大行皇太后尊謚曰仁懿皇后”。

仁慈淑謹，中外感德。[1]凡正旦、生辰諸國貢幣，[2]悉賜貧瘵。嘗夢重元曰：“臣骨在太子山北，[3]不勝寒溧。”寤，即命屋之。慈憫類此。[4]

[1]中外感德：漢字《仁懿皇后哀册文》有“修鄰邦之好兮，優以恩禮；誠戚里之驕兮，順慈典常”。

[2]正旦：農曆正月初一日。

[3]太子山：靠近灤水，今地不詳。

[4]慈憫：慈祥哀憐。漢字《仁懿皇后哀册文》有“弘道惟濟，好生不傷”。

興宗貴妃蕭氏，小字三姐，[1]駙馬都尉匹里之女。[2]選入東宮。帝即位立爲皇后。重熙初，以罪降貴妃。

[1]三姐（jiě）：《遼史紀事本末》卷二八：“興宗貴妃蕭氏，小字繳察，一作三姐。駙馬都尉匹勒之女。”姐，“姐”字異體。

　　[2]駙馬都尉：官名。漢武帝時置，掌副車之馬，秩二千石。魏、晉以後，帝婿例加此稱號，簡稱駙馬，非實官。　匹里（996—1038）：爲契丹語“小名”的音譯。其漢名爲紹宗。據《文史》2013年第三輯所載郭寶存、祁彦春《遼代〈蕭紹宗墓誌銘〉和〈耶律燕哥墓誌銘〉考釋》所附《蕭紹宗墓誌銘》和《耶律燕哥墓誌銘》的拓本照片和録文，蕭紹宗，字克構，曾祖胡毛里，贈韓王；祖諱守興，駙馬都尉，贈楚國王；考諱繼遠（《遼史》作繼先），母爲趙魏國大長公主（其本人有墓誌作《秦晉國大長公主墓誌銘》）。未冠歲，尚秦國長公主耶律燕哥。授駙馬都尉，加左威衛大將軍，遷授林牙，改殿前都點檢，昇宣徽北院使，加永清軍節度使。歷事聖宗、興宗二朝，重熙七年（1038）十月一日歿，享年四十三歲。葬中京之西山即今河北省平泉市北五十家子鎮西山坡。

　　道宗宣懿皇后蕭氏，[1]小字觀音，欽愛皇后弟樞密使惠之女。[2]姿容冠絶，工詩，[3]善談論。自制歌詞，尤善琵琶。重熙中，帝王燕趙，[4]納爲妃。清寧初立爲懿德皇后。[5]

　　[1]宣懿皇后蕭氏：據王鼎《焚椒録》，宣懿皇后生於重熙九年（1040）五月己未（初五日）。

　　[2]樞密使：官名。有北院樞密使和南院樞密使之分。詳見本書卷四五《百官志一》。　惠之女：據《大契丹國故晉國夫人墓誌銘》，欽哀皇后的五個弟弟的名字均爲“孝”字輩。其第五弟爲蕭孝惠。此處“欽愛皇后蕭耨斤弟樞密使惠之女”的“惠”字之上顯然脱“孝”字。陳述《全遼文》所載《妙行大師行狀碑》有“秦越國大長公主，乃聖宗皇帝之女，興宗皇帝之妹，懿德皇后之母”。本書卷九三《蕭惠傳》，蕭惠“尚帝（興宗）姊秦晉國長公主”。蕭孝誠之子蕭知行的墓誌銘稱“公之姑，太皇太后（指欽愛

皇后）；公之伯姊，太后（指仁懿皇后）；公之堂妹，皇后（指宣懿皇后）"。説明宣懿皇后是蕭孝誠家也即蕭孝惠家的人。《契丹國志》卷一三稱宣懿皇后是"贈同平章事蕭顯烈女"。蕭孝惠是遼道宗的舅爺爺，宣懿皇后是遼道宗的表姑，娶親不論輩份和不避近親是遼代契丹人婚俗的一大特點。

[3]工詩：王鼎《焚椒録》一書收録有宣懿皇后作的《伏虎林應制》《君臣同志華夷同風應制》《回心院》《懷古》《絕命詞》等詩詞。從中可見其詩詞的造詣。

[4]帝王燕趙：本書卷一九《興宗本紀二》重熙十二年八月條，"辛丑，燕國王洪基加尚書令，知北南院樞密使事，進封燕趙國王"。

[5]立爲懿德皇后：本書卷二一《道宗本紀一》清寧二年（1056）十一月條，"甲辰，文武百僚上尊號曰天祐皇帝，后曰懿德皇后"。

皇太叔重元妻，[1]以豔冶自矜，后見之戒曰："爲貴家婦，何必如此！"

[1]皇太叔：遼代皇帝對有皇位繼承權的叔父所加的封號。重元（宗元）爲遼道宗之叔。據本書卷二一《道宗本紀一》，重熙二十四年（1055）八月壬辰，遼道宗以重元爲皇太叔。

后生太子濬，[1]有專房寵。好音樂，伶官趙惟一得侍左右。[2]大康初，宮婢單登、教坊朱頂鶴誣后與惟一私，[3]樞密使耶律乙辛以聞。[4]詔乙辛與張孝傑劾狀，[5]因而實之。[6]族誅惟一，賜后自盡，[7]歸其尸於家。[8]

[1]濬：人名。即耶律濬。其子耶律延禧即位後追封爲大孝順

聖皇帝，廟號順宗。本書卷七二有傳。

[2]伶官：樂官。傳説黄帝命伶倫作爲律。伶氏世掌樂官而善，故後世多稱樂官爲伶官。　趙惟一：遼代善彈琵琶的樂官。唯獨他能演奏《回心院》之曲。其事詳見《焚椒録》。

[3]單登：人名。據《焚椒録》，她原是叛臣耶律重元的家婢，因罪没入宫廷，善彈筝和琵琶，與趙惟一争能，怨皇后不知己。教坊：掌管音樂的官署名。　朱頂鶴：人名。據《焚椒録》，其妻爲單登之姐單清子。

[4]耶律乙辛：人名。遼代道宗朝有名的奸臣。本書卷一一〇有傳。"乙辛"爲契丹語音譯，漢語意思爲"壽"。

[5]張孝傑：人名。建州永霸縣（今遼寧省朝陽市）人。【李注】咸雍三年（1067）參知政事。八年封陳國公。大康元年（1075）賜國姓。是年夏，耶律乙辛譖皇太子，誣害忠良，孝傑之謀居多。而道宗竟以其爲忠，可比狄仁傑，賜名仁傑。大安中，死於鄉。本書卷一一〇有傳。　劾狀：揭發罪狀。

[6]因而實之：《焚椒録》稱"乙辛乃繫械惟一、長命等訊鞫，加以釘、灼、蕩、錯等刑，皆爲誣服，獄成"。所謂"實之"皆爲嚴刑逼供出來的不實之詞。

[7]賜后自盡：據本書卷二三《道宗本紀三》大康元年條，"十一月辛酉（初三日），皇后被誣，賜死；殺伶人趙惟一、高長命，並籍其家屬"。又據《焚椒録》，皇后作《絶命詞》之後，"閉宫以白練自經"，即上吊而死。又據《契丹小字研究》所載漢字《宣懿皇后哀册文》，皇后自盡地點爲長慶川。【李注】此即遼史上的"十香詞冤案"。大康元年六月，道宗詔皇太子總領朝政。奸臣乙辛發現，皇太子年輕有爲，正是他專權固寵的最大障礙。他決定通過誣陷皇后，進而達到動搖皇太子地位的目的。道宗在位日久，昏庸愈甚，飾非拒諫，無以復加，對知書達禮的宣懿皇后越來越疏遠。皇后嘗作《回心院詞》排解心中的苦悶，並被之管弦，與伶人趙惟一在宫中演唱。遼朝没有中原王朝那樣嚴格的後宫制度，伶人

出入宮禁，陪伴皇后消遣，本不足怪。然而皇后身邊有一宮女名單登，是漢人，見此情景甚爲驚異。不久，此事便被乙辛知道了，乙辛以爲可以大加利用，於是，指使單登與教坊朱頂鶴一同誣陷皇后私通趙惟一。其證據據説是皇后爲單登手抄的《十香詞》及《懷古詩》。然而《十香詞》格調低下，淫俗不堪，與皇后的身份、教養及性格絶不相類，明眼人不問便可發現是故意栽贓陷害。至於《懷古詩》，乙辛一夥更是肆意曲解。詩云："宮中只數趙家妝，敗雨殘雲誤漢王；惟有知情一片月，曾窺飛燕入昭陽。"詩中寫的是漢成帝皇后趙飛燕，誣陷者以詩中有"趙惟一"三字，即硬説是皇后與之私通的證據。道宗並不認真分析和調查，而是把此案交給原本是幕後策劃者的耶律乙辛及張孝傑處理，於是一切都被"證實"了。大康元年十一月，道宗賜皇后自盡，無辜的伶官趙惟一亦遭族誅。宣懿皇后遭誣陷的《十香詞》冤案始末，在《遼史》中並無具體記載，而是詳載於王鼎《焚椒録》中。王鼎字虛中，涿州（今屬河北省）人，清寧進士，官至翰林學士，壽昌間升任觀書殿學士，後因細故，遭奪官，被流放到遼朝境内西北部的鎮州。《焚椒録》即是他流放期間所作，前有自敘，内稱冤案初起時，他正在宮禁中侍奉道宗。當時他家奶母有女名蒙哥，是乙辛家婢女，甚得寵，王鼎即通過這條渠道獲悉此事的詳細經過。除此之外，還有名"蕭司徒"者亦向他講述整件事的始末。這就是説，《焚椒録》所記《十香詞》冤案實有所本。清王士禎作《居易録》，以王鼎書所記與《契丹國志》不合，即懷疑其爲僞書，這是没有根據的。《契丹國志》基本上是雜抄宋人著作成書，其中失實、缺漏之處不一而足。《焚椒録》所記這一冤案雖不見《契丹國志》記載，但與《遼史》所記不但並無抵牾，而且恰好可以互爲補充，王鼎書基本可信。

[8]歸其尸於家：據《焚椒録》，"上怒猶未解，命裸后屍，以葦席裹還其家。春秋三十有六"。《焚椒録》又云，宣懿皇后生於"重熙九年五月己未"。

乾統初追謚宣懿皇后,[1]合葬慶陵。[2]

[1]追謚宣懿皇后：本書卷二七《天祚皇帝本紀一》乾統元年（1101）六月條，"庚子（十一日），追尊懿德皇后爲宣懿皇后"。

[2]合葬慶陵：本書卷二七《天祚皇帝本紀一》乾統元年六月條，"辛亥（二十二日），葬仁聖大孝文皇帝、宣懿皇后于慶陵"。《契丹文字研究類編》所載漢字《宣懿皇后哀册文》則稱"六月庚寅朔，二十三日壬子，將遷座於永福陵"。入葬日期和陵名應以哀册文爲準。

道宗惠妃蕭氏，小字坦思，[1]駙馬都尉霞抹之妹。[2]大康二年乙辛譽之，選入掖庭，立爲皇后。

[1]坦思：人名。據本書卷一〇〇《蕭酬斡傳》，其祖父爲蕭阿剌，其父爲蕭別里剌（亦作鼈里剌）。據閻萬章《點校本〈遼史〉正誤》（《遼海文物學刊》1995年第1期），蕭阿剌即《蕭德溫墓誌銘》中的蕭知足，蕭別里剌即蕭德溫。據本書卷八七《蕭孝穆傳》，蕭阿剌爲蕭孝穆之子。

[2]霞抹：人名。即蕭霞抹。據本書卷二三《道宗本紀三》大康二年（1076）六月條，他官至漢人行宮都部署、駙馬都尉，封柳城郡王。又據本書卷六五《公主表》則作"蕭末"，尚道宗長女魏國公主撒葛只。又據《蕭德溫墓誌銘》，蕭霞抹的漢名爲蕭德讓，爲蕭德溫的五弟。　妹：據閻萬章《點校本〈遼史〉正誤》，"妹"乃"姪"字之誤，是。

居數歲，未見皇嗣。后妹斡特懶先嫁乙辛子綏也，后以宜子言于帝,[1]離婚，納宮中。八年,[2]皇孫延禧封梁王,[3]降爲惠妃，徙乾陵；斡特懶還其家。頃之，其母燕國夫人厭魅梁王,[4]伏誅。貶妃爲庶人，幽于宜州,[5]諸弟没入興聖宫。[6]

[1]宜子：適宜生兒子。

[2]八年：指大康八年（1082）。據本書卷二四《道宗本紀四》，封皇孫延禧爲梁王是在大康六年三月庚寅（二十七日）。把蕭坦思由皇后降爲惠妃並出居乾陵是在大康八年十二月庚申（十四日）。二者並不發生在同一年。

[3]延禧：人名。即遼代亡國之君天祚帝耶律延禧。本書卷二七至三〇有本紀。　梁王：耶律延禧最初的封爵。

[4]燕國夫人：惠妃蕭坦思母親的封號。　厭魅：祈禱鬼神降災於別人。

[5]宜州：遼代州名。治所故址在今遼寧省義縣義州鎮古城址。

[6]興聖宫：遼聖宗的宫衛。詳見本書卷三一《營衛志一》。

天慶六年召還,[1]封太皇太妃。後二年，奔黑頂山，卒，葬太子山。

[1]天慶：遼天祚帝年號（1111—1120）。

天祚皇后蕭氏,[1]小字奪里懶，宰相繼先五世孫。[2]大安三年入宫。[3]明年，封燕國王妃。[4]乾統初册爲皇后。性閑淑，有儀則。兄弟奉先、保先等緣后寵柄任。[5]女直亂,[6]從天祚西狩,[7]以疾崩。[8]

[1]天祚：遼代皇帝耶律延禧的尊號。本書卷二七《天祚皇帝本紀一》壽隆七年（1101）正月條“群臣上尊號曰天祚皇帝”。

[2]繼先：人名。即蕭繼先，本書卷七八有傳。《秦晉國大長公主墓誌銘》作"繼遠"，《契丹國志》卷一三稱皇后爲"平州人，節度使蕭槁剌之女也"。　五世孫：據蓋之庸《内蒙古遼代石刻文研究》（增訂本，内蒙古大學出版社 2007 年版）考證：一世蕭繼遠（繼先），二世蕭紹宗，三世蕭永，四世蕭闇，五世蕭奪里懶。

[3]大安：遼道宗耶律洪基年號（1085—1094）。

[4]燕國王妃：蕭奪里懶的封號。她的丈夫耶律延禧當時正爲燕國王，故有此封號。

[5]奉先：人名。本書卷一〇二有傳。　保先：人名。官至東京留守，爲政嚴酷。於天慶六年（1116）被亂民所殺。

[6]女直：部族名。本作"女真"，因避遼興宗宗真名諱，改稱"女直"。遼時居東北地區東部。其在南者入遼籍，稱"熟女真"或"合蘇館女真"；在北者不入遼籍，稱"生女真"。

[7]西狩：向西逃跑。狩，巡狩的省稱。古代稱天子適諸侯爲巡狩。後來用巡狩來諱稱天子出逃在外。

[8]以疾崩：《契丹國志》卷一三稱皇后在山金司被金人擒獲，粘罕納爲次室。後來被兀室殺害。粘罕聽説她死後，爲之泣下。"以疾崩"是諱稱被殺害的史家之筆。

　　天祚德妃蕭氏，小字師姑，北府宰相常哥之女。[1]壽隆二年入宮，[2]封燕國妃，生子撻魯。[3]乾統三年改德妃。以柴册禮，[4]封撻魯爲燕國王，加妃號贊翼。[5]王薨，[6]以哀戚卒。

[1]常哥（1043—1111）：音譯的契丹語人名。亦作"長哥"，即蕭常哥。本書卷八二有傳。又據《遼上京地區出土的遼代碑刻彙輯》所收《蕭義墓誌銘》，蕭常哥漢名義，字子常。歷任南女直都監、東京四軍副都指揮使、諸行宮都部署、國舅詳穩、太子太師、

遼興軍節度使、平章事、北宰相等職。死後葬於遼川之右聖迹山之陽（今遼寧省法庫縣葉茂臺鎮西山村）。

［2］壽隆：遼道宗年號（1095—1102）。據遼代碑刻和錢幣，此年號本爲“壽昌”。修訂本校勘記以爲，此係陳大任《遼史》避金欽慈皇后“壽昌”諱而改。後爲元修《遼史》所承襲。

［3］撻魯：人名。據本書卷二六《道宗本紀六》，他生於壽隆三年三月辛酉（初七日）。又據本書卷六四《皇子表》，他爲天祚帝第三子。

［4］柴册禮：亦稱“柴册儀”。此禮源於中國傳統的“燔柴告天”，是古代天子祭天之禮。【李注】據《爾雅·釋天》：“祭天曰燔柴。”行禮時，積薪於壇，取玉及牲置於柴上焚燒。此禮與契丹的再生禮合併舉行，是爲契丹部落聯盟選汗和遼建國後新皇帝即位舉行的禮儀。相傳遙輦氏阻午可汗始制此儀，遼朝建國後有所增飾。詳見本書卷四九《柴册儀》條。

［5］贊翼：《蕭義墓誌銘》作“贊睿德妃”。

［6］王薨：據本書卷六四《皇子表》，撻魯早薨。

天祚文妃蕭氏，小字瑟瑟，國舅大父房之女。[1]乾統初帝幸耶律撻葛第，[2]見而悦之，匿宮中數月。皇太叔祖和魯斡勸帝以禮選納，[3]三年冬立爲文妃。生蜀國公主、晉王敖盧斡，[4]尤被寵幸。以柴册，加號承翼。

［1］國舅大父房：遼代外戚中原爲拔里氏的一支。拔里氏共分大父房和少父房兩支。詳見本書卷六七《外戚表序》。根據文意，“房”字下顯然脱文妃之父的名字。《契丹國志》卷一三稱“本渤海大氏人”。

［2］乾統初：據本書卷六四《皇子表》，文妃之子敖盧斡是天祚帝長子。第三子是撻魯。又據本書卷二六《道宗本紀六》，撻魯

生於壽隆三年（1097）三月辛酉。長子肯定比第三子生的早。又據本書卷二五《道宗本紀五》，大安五年（1089）"十一月丁卯朔，燕國王延禧生子，大赦，妃之族屬進爵有差"。這時延禧所生之子應爲文妃之子敖盧斡。因此，天放《〈遼史·天祚文妃蕭氏傳〉的一點質疑》（《東北地方史研究》1991第4期）認爲"乾統初"應爲"大安初"之誤，是。　耶律撻葛：人名。與本書卷一○二《耶律余覩列傳》中的耶律撻葛里爲同一人。此處"葛"字下顯然脱"里"字。契丹語名字翻譯爲漢字時，脱落尾音"里"是常有的事。據本書卷二九《天祚本紀三》和《契丹國志》卷一三，耶律撻葛是文妃的姐夫。

[3]皇太叔祖：原作"皇太叔"，缺"祖"字。和魯斡是天祚帝爺爺輩的人，據新出土的漢字《義和仁壽皇太叔祖哀册文》補。根據遼代的傳統，"皇太叔""皇太叔祖"和"皇太弟"與"皇太子"一樣，意味着有皇位繼承權。　和魯斡（1041—1110）：人名。即耶律和魯斡。又名胡盧斡里，字阿輦，漢名耶律弘本。遼興宗次子，遼道宗之弟。據本書卷二七《天祚皇帝本紀一》和卷六四《皇子表》，乾統元年（1101）六月封爲天下兵馬大元帥。三年十一月封爲義和仁壽皇太叔（祖）。先後被封爲越國王、魯國王和宋魏國王。曾任上京留守和南京留守等職。死後陪葬於遼慶陵的興雲山（今内蒙古自治區巴林右旗索博日嘎鎮瓦林茫哈地方）。其事詳見漢字和契丹小字《義和仁壽皇太叔祖哀册文》與本書卷六四《皇子表》。

[4]蜀國公主：據本書卷六五《公主表》，公主名余里衍，後爲金人所獲。　晉王敖盧斡（？—1122）：敖盧斡，亦作"敖魯斡"。天祚皇帝長子，生母是文妃蕭氏。馳馬善射，好讀書，喜揚人善。封晉王，出爲大丞相耶律隆運（韓德讓）後。有人望，内外歸心。【李注】保大元年（1121），蕭奉先使人誣告南軍都統耶律余覩與晉王母文妃密謀立晉王爲帝，余覩投降金朝，文妃被誅。二年，天祚帝賜敖盧斡死。本書卷七二有《耶律敖盧斡傳》，記事與

本紀多有不合。

善歌詩。女直亂作，日見侵迫。帝畋遊不恤，[1]忠臣多被踈斥。妃作歌諷諫，其詞曰：“勿嗟塞上兮暗紅塵，[2]勿傷多難兮畏夷人；不如塞姦邪之路兮，選取賢臣。直須臥薪嘗膽兮，激壯士之捐身；可以朝清漠北兮，夕枕燕雲。”[3]又歌曰：“丞相來朝兮劍佩鳴，千官側目兮寂無聲。養成外患兮嗟何及！禍盡忠臣兮罰不明。親戚並居兮藩屏位，私門潛畜兮爪牙兵。可憐往代兮秦天子，[4]猶向宮中兮望太平。”天祚見而銜之。[5]

[1]畋（tián）遊：打獵遊玩。畋，打獵。
[2]嗟：感歎。　暗紅塵：繁華熱鬧的地方黯淡了。紅塵，飛揚的塵土，形容繁華熱鬧，也指繁華熱鬧的地方。
[3]燕：燕京（今北京市）的簡稱。　雲：州名。治所故址在今山西省大同市。
[4]秦天子：指秦始皇。
[5]銜：懷恨。

播遷以來，[1]郡縣所失幾半，上頗有倦勤之意。諸皇子敖盧斡最賢，素有人望。元后兄蕭奉先深忌之，[2]誣南軍都統余覩謀立晉王，[3]以妃與聞，賜死。

[1]播遷：流離遷徙。
[2]元后兄蕭奉先深忌之：據中華點校本校勘記，“元后”應作“元妃”。【李注】蕭奉先（？—1122），天祚元妃之兄。因元妃故，奉先得以累次陞遷，最後官至樞密使，封蘭陵郡王。天慶四年

（1114），阿骨打起兵進犯寧江州，天祚命奉先弟嗣先爲都統，率領番、漢兵前去征討，於出河店敗績逃走。奉先擔心其弟嗣先被誅，奏請天祚肆赦。從此以後士無鬥志，遇敵即潰。當初，蕭奉先曾誣告耶律余覩勾結駙馬蕭昱陰謀立其外甥晉王爲帝，導致蕭昱被殺，余覩投奔女直。本書卷一〇二有傳。

［3］都統：官名。唐乾元中，始以都統名官，總諸道征伐。後若調諸道兵馬會戰，多置此職，爲臨時軍事長官，不賜旌節，事解即罷。遼設諸路兵馬都統署司，下有諸路兵馬都統署，都統爲其長官。　余覩：人名。即耶律余覩。本書卷一〇二有傳。據《契丹國志》卷一三，他是文妃的妹夫。　晉王：敖盧斡的封爵。此指敖盧斡。

天祚元妃蕭氏，小字貴哥，燕國妃之妹。[1]年十七冊爲元妃。性沉靜。嘗晝寢，近侍盜貂褥，妃覺而不言，宮掖稱其寬厚。從天祚西狩，以疾薨。[2]

［1］燕國妃之妹：據中華點校本校勘記，燕國妃係德妃，與元妃非姊妹。元妃之姊爲天祚皇后，曾被封爲燕國王妃，此疑脫“王”字。

［2］以疾薨：據《三朝北盟會編》卷二四所引《金虜節要》稱“粘罕之妻，乃遼主天祚元妃”。又據《大金國志》卷七，天會十年（1132）秋，兀室“擅殺粘罕次室蕭氏……蕭氏本契丹天祚元妃也”。因此，所謂“以疾薨”乃史家之諱筆。

論曰：遼以鞍馬爲家，后妃往往長於射御，軍旅、田獵未嘗不從。如應天之奮擊室韋，承天之御戎澶淵，仁懿之親破重元，古所未有，亦其俗也。靖安無毀無譽；齊天巧思，乃奢侈之漸；宣懿度曲知音，豈致誣讒之階乎？文妃能歌詩諷諫，而謂謀私其子，非矣。若簡憲之艱危保孤、懷節之從容就義，[1]雖烈丈夫何以過之。欽愛狠桀，[2]賊殺嫡后，而興宗不能防閑其母，[3]惜哉！

[1]簡憲：本卷本傳作“簡獻”。

[2]狠：原本和修訂本作“很”，據明抄本、南監本、北監本和殿本改。中華點校本和補注本徑改。長箋本引《羅校》出校。

[3]防閑：防指堤，用以防水。閑指欄，用以制獸。引申爲防備和禁阻。

（劉鳳翥校注　李錫厚補）

遼史　卷七二

列傳第二

宗室[1]

義宗倍　平王隆先　晉王道隱　章肅皇帝李胡　宋王喜
隱　順宗濬　晉王敖盧斡[2]

　　[1]列傳第二宗室：修訂本校勘記云，原作"宗室傳第二"。
明抄本、南監本同，據北監本、殿本及文例改。今從改。
　　[2]"義宗倍"至"敖盧斡"：原本、明抄本、南監本無，今
據北監本、殿本補。中華點校本、修訂本、補注本和長箋本有，但
均未出校。

　　義宗名倍，[1]小字圖欲，太祖長子，[2]母淳欽皇后蕭
氏。[3]幼聰敏好學，外寬內摯。[4]神册元年春立爲皇
太子。[5]

　　[1]義宗：耶律倍被追封的廟號。
　　[2]太祖：遼代開國皇帝耶律阿保機的廟號。

[3]淳欽皇后：遼太祖耶律阿保機的皇后的謚號。皇后姓述律，名平，小字月理朵。後來改姓蕭。本書卷七一有傳。

[4]摯：羅繼祖《遼史校勘記》稱"摯"當作"驚"。

[5]神册：遼太祖耶律阿保機年號（916—922）。

時，太祖問侍臣曰：[1] "受命之君，當事天敬神。有大功德者，朕欲祀之，何先?" 皆以佛對。[2] 太祖曰："佛非中國教。" 倍曰："孔子大聖，[3] 萬世所尊，宜先。" 太祖大悅，即建孔子廟，[4] 詔皇太子春秋釋奠。[5]

[1]侍臣：在皇帝身邊侍奉的大臣。

[2]佛：梵文 Buddha 的音譯 "佛陀" 的簡稱。意譯爲 "覺者" "智者"。此處用作對佛教創始人釋迦牟尼的尊稱。

[3]孔子（前551—前479）：即孔丘。字仲尼，春秋時魯國陬邑（今山東省曲阜市）人。中國古代著名的教育家和思想家，儒學的創始人。他的言論見於《論語》。他的事蹟詳見《史記》卷四七《孔子世家》。子，古代對人的尊稱。

[4]建孔子廟：據本書卷一，遼太祖下詔建孔子廟是在神册三年（918）五月乙亥（初三日）。【李注】孔子廟故址位於上京皇城南門內，國子監北面。

[5]釋奠：一種祭祀孔子的重禮。古代學校在春季和秋冬均由官方行此禮。祭品中要有牲牢幣帛。

嘗從征烏古、党項，爲先鋒都統。[1] 及經略燕地、太祖西征，[2] 留倍守京師。[3] 因陳取渤海計。[4] 天顯元年從征渤海，[5] 拔扶餘城，[6] 上欲括户口，[7] 倍諫曰："今始得地而料民，[8] 民必不安。若乘破竹之勢，徑造忽汗城，[9]克之必矣。”太祖從之。倍與大元帥德光爲前鋒，[10]夜圍忽汗城。大諲譔窮蹙，[11]請降，尋復叛，太祖破之。改其國曰東丹，[12]名其城曰天福，[13]以倍爲人皇王主之。仍賜天子冠服，建元甘露，[14]稱制，置左右大次四相及百官，[15]一用漢法。歲貢布十五萬端、馬千匹。[16]上諭曰：“此地瀕海，非可久居，留汝撫治，以見朕愛民之心。”駕將還，倍作歌以獻。陛辭，太祖曰：“得汝治東土，吾復何憂。”倍號泣而出。遂如儀坤州。[17]

[1]烏古：遼代西北地區的部族名。【李注】源於室韋中的一支，又稱嫗厥律、于厥律，居契丹西北，在臚朐河（今克魯倫河）流域。　党項：又稱党項羌，中國西北古代民族名。是古代羌人的一支。南北朝末期（六世紀後期）開始活動於今青海省東南部黃河上游和四川省松潘縣以西山谷地帶。當時“每姓別爲一部落，大者五千餘騎，小者千餘騎”。“俗尚武力，無法令，各爲生業，有戰陣則相屯聚，無徭役，不相往來。牧養犛牛、羊、豬以供食，不知稼穡。”隋、唐時期歸順朝廷並不時北遷。至宋朝寶元元年（1038），李元昊正式稱帝，建西夏國。詳見《隋書》卷八三《党項傳》和《舊唐書》卷一九八《党項羌傳》。　先鋒都統：官名。“先鋒”與“都統”的合稱。率兵打仗的武官。

[2]燕：地名。泛指今河北省北部地區。因戰國時期此地曾爲燕國，故有此稱。　太祖西征：“太祖”原本作“太子”，中華修訂本據《大典》卷五二五二引《遼史·宗室傳》及北監本、殿本改。中華點校本、補注本和長箋本徑改。今從。以下多處同改。

[3]京師：首都。此處指遼的上京（故址在今內蒙古自治區巴林左旗林東鎮）。

[4]渤海：唐代中國東北地區的割據政權名。粟末靺鞨族人大祚榮於公元698年所建，共傳十五王，歷229年，於公元926年亡於契丹。其事詳見《新唐書》卷二一九《渤海傳》和今人王承禮著《渤海簡史》（黑龍江人民出版社1984年版）。

[5]天顯：遼太祖耶律阿保機和遼太宗耶律德光共用的年號（926—938）。

[6]扶餘城：渤海國的地名。【李注】故址在今吉林省松原市。

[7]括戶口：搜查戶口。

[8]料民：古代調查人口數。【李注】《史記》卷四《周本紀》"宣王既亡南國之師，乃料民於太原"。《集解》韋昭曰："料，數也。"亦即清查、登記戶口、貲財，以便徵收賦稅。

[9]忽汗城：地名。亦稱"上京城"，渤海國的首都。故址在今黑龍江省寧安市渤海鎮。

[10]大元帥："天下兵馬大元帥"的簡稱。遼太宗耶律德光於天贊二年（922）十一月被封此號。遼代獲此封號者僅僅意味着有皇位繼承權，並不實際統帥全國兵馬，軍權仍集中在皇帝手中。德光（902—947）：人名。即遼太宗耶律德光。本書卷三至卷四有本紀。

[11]大諲譔：人名。渤海國的亡國之君。公元926年被契丹俘獲後被押送到遼上京之西，築城以居。

[12]東丹：遼的藩屬國名。渤海國被滅之後，改稱東丹國，臣屬於契丹。公元930年，其王耶律倍出逃後名存實亡。至乾亨四年（982）十二月撤消東京中臺省之後，名也不存，成了遼朝直轄的東京道。

[13]天福：城名。由渤海國首都忽汗城所改稱，爲東丹國的早期首都。

[14]甘露：東丹國人皇王耶律倍的年號（926—?）。廢止時間史書失載。據推測應止於公元930年耶律倍浮海奔後唐時。

[15]左右大次四相：即左大相、右大相、左次相、右次相。皆

爲東丹國的高級官名。據本書卷二《太祖本紀下》天顯元年
（926）二月條，"以皇弟迭剌爲左大相、渤海老相爲右大相、渤海
司徒大素賢爲左次相、耶律羽之爲右次相"。

[16]端：古代布帛的長度單位。兩丈爲一端，一說六丈爲
一端。

[17]儀坤州：遼代的州名。據馮永謙《遼代上京道州縣叢
考》，州治故址在今内蒙古自治區敖漢旗雙廟鄉五十家子村。

未幾，諸部多叛，大元帥討平之。太祖訃至，倍即
日奔赴山陵。[1]倍知皇太后意欲立德光，[2]乃謂公卿曰：
"大元帥功德及人神，中外攸屬，宜主社稷。"乃與群臣
請於太后而讓位焉。[3]於是大元帥即皇帝位，是爲
太宗。[4]

[1]山陵：帝、后的墳墓。【李注】《水經注》卷一九《渭水
三》："秦名天子塚曰山，漢曰陵，故通曰山陵矣。"此處代指喪事。

[2]皇太后：指遼太祖的皇后述律平（879—953）。遼太宗即
位後被尊爲應天皇太后。本書卷七一有傳。

[3]太后：原本作"大后"，明抄本、南監本、北監本和殿本
均作"太后"。中華點校本、修訂本、補注本徑改。今據改。長箋
本引《羅校》出校。

[4]太宗：遼代皇帝耶律德光的廟號。

太宗既立，見疑，以東平爲南京，[1]徙倍居之，盡
遷其民。又置衛士陰伺動靜。倍既歸國，命王繼遠撰
《建南京碑》，[2]起書樓于西宮，[3]作《樂田園》詩。唐
明宗聞之，[4]遣人跨海持書密召倍。倍因畋海上。使再

至，倍謂左右曰："我以天下讓主上，今反見疑，不如適他國，以成吳太伯之名。"[5]立木海上，刻詩曰："小山壓大山，[6]大山全無力。羞見故鄉人，從此投外國。"攜高美人載書浮海而去。[7]

[1]東平：郡名。神册四年（919）置。治所故址在今遼寧省遼陽市。

[2]王繼遠：人名。本書祇此一見。

[3]書樓：原本誤作"書數"，明抄本、南監本、北監本和殿本均作"書樓"。中華點校本、修訂本、補注本徑改。今據改。長箋本引《羅校》出校。

[4]唐明宗：後唐皇帝李嗣源（867—933）的廟號。【李注】李嗣源原爲李克用養子。因其屢建戰功，爲宣武軍節度使，兼蕃漢内外馬步軍總管。後唐莊宗李存勖曾當面許諾"天下與爾共之"。同光元年（923）拜中書令。以名位高，見疑忌。天成元年（926）趙在禮反於魏，嗣源奉命討除，與叛軍合，南下入汴州。莊宗在洛陽爲亂軍所殺。嗣源隨即入洛陽，即位。更名亶，是爲唐明宗。卒於長興四年（933）。《新五代史》卷六、《舊五代史》卷三五至卷四四有本紀。

[5]吳太伯：西周時吳國的首任伯爵。姬姓，史書失載其名。他是周太王的長子，周文王的伯父。他的三弟季歷賢能，季歷的兒子昌有聖德。他的父親太王欲讓季歷繼位再傳位於昌。太伯與二弟仲雍爲了讓賢，於是逃往荆蠻之地過着斷髮文身的生活。後來周太王死後季歷果然繼位。及至季歷死後，其子昌繼位，是爲周文王。《史記》卷三一有世家。

[6]小山：喻遼太宗耶律德光。　大山：耶律倍的自喻。

[7]高美人：耶律倍的妾。生晉王道隱。　載書：用交通工具裝着書。據《新五代史》卷七三《四夷附録第二》，耶律倍奔後

唐，"載書數千卷，樞密使趙延壽每假其異書、醫經，皆中國所無者"。　浮海而去：本書卷三《太宗本紀上》天顯五年（930）"十一月戊寅（十九日），東丹奏人皇王浮海適唐"。《通鑑》卷二七七後唐明宗長興元年（930）十一月丙戌（二十七日），"契丹東丹王突欲自以失職，帥部曲四十人自登州來奔"。

　唐以天子儀衛迎倍。[1]倍坐船殿，[2]眾官陪列上壽。[3]至汴，[4]見明宗。明宗以莊宗后夏氏妻之，[5]賜姓東丹，名之曰慕華。改瑞州爲懷化軍，[6]拜懷化軍節度使，[7]瑞、慎等州觀察使。[8]復賜姓李，名贊華。移鎮滑州，[9]遙領虔州節度使。[10]倍雖在異國，常思其親，問安之使不絶。

　[1]唐：五代時李存勗建立的朝代名。史稱後唐。　天子儀衛：天子規格的儀仗隊和警衛。

　[2]船殿：宮殿一般的豪華船。

　[3]上壽：獻酒祝壽。

　[4]汴：州名。州治故址在今河南省開封市。

　[5]明宗以莊宗后夏氏妻之：據中華點校本校勘記，《契丹國志》卷一四作"以莊宗後宮夏氏賜之"。《五代會要》卷一《内職》謂，莊宗昭容夏氏，封號國夫人。《新五代史》卷一四《唐太祖家人傳第二》亦稱：明宗立，悉放莊宗時宮人還其家，"獨號國夫人夏氏無所歸，乃以河陽節度使夏魯奇同姓也，因以歸之，後嫁李贊華"。夏氏是莊宗的妃嬪，不是皇后。莊宗，後唐皇帝李存勗的廟號。

　[6]瑞州：州名。《舊五代史》卷一五〇《郡縣志》注明屬河北道。《通鑑》卷二七七胡三省注稱"僑治良鄉之廣陽城"（今北京市房山區）。《五代會要》卷二九把明宗授予耶律倍的官銜記爲

"授光禄大夫、檢校太保、安東都護兼御史大夫、上柱國、渤海郡開國公、食邑一千五百户，充懷化軍節度，瑞、慎等州觀察、處置、押番落等使"。

[7]節度使：官名。唐初，武將行軍稱總管，本道則稱都督。永徽以後，都督帶使持節者稱節度使。唐代節度使一般封郡王，總掌軍旅，專誅殺。起初，僅在邊地設置，目的在於使軍事行動敏捷靈活。一節度使總管一道或數州。以後遍設於國内。祗管一州的軍事民政，用人理財，皆得自專。五代、遼、宋、金皆設此官。元廢。

[8]慎：州名。治所在今北京市房山區。 觀察使：官名。唐於諸道設觀察使，位次於節度使。唐代中葉以後，多以節度使兼領其職。無節度使之州，亦設觀察使，管轄一州或數州，並兼領刺史之職。後來改爲採訪處置使，又改爲觀察處置使。凡兵甲財賦民俗之事無所不領，謂之都府，權任甚重。五代和遼亦設此官。宋代觀察使爲虛銜，無定員。

[9]滑州：州名。治所在今河南省滑縣。

[10]遙領：擔任職名，不親往任職。 虔州：州名。治所故址在今江西省贛州市。五代時期此地不在中央政府的管轄之下，先後歸割據政權吳和南唐控制。後唐任命的此州節度使祗能是遙領而不是實授。

後，明宗養子從珂弑其君自立。[1]倍密報太宗曰："從珂弑君，盍討之。"及太宗立石敬瑭爲晉主，[2]加兵于洛。[3]從珂欲自焚，召倍與俱，倍不從，遣壯士李彦紳害之，[4]時年三十八。有一僧爲收瘞之。敬瑭入洛，喪服臨哭，以王禮權厝。[5]後太宗改葬于醫巫閭山，[6]謚曰文武元皇王。世宗即位，[7]謚讓國皇帝，陵曰顯陵。[8]統和中，[9]更謚文獻。重熙二十年增謚文獻欽義皇帝，[10]廟號義宗，及謚二后曰端順、曰柔貞。

[1]從珂（886—936）：人名。即李從珂。原姓王，小名阿三，鎮州平山（今屬河北省）人。爲後唐明宗李嗣源養子。【李注】初封潞王，爲左衛大將軍，西京留守。明宗死後，愍帝即位，徙從珂爲北京留守，不降制書而宣授，從珂不自安，據城反。應順元年（934）四月入京師，即帝位，改元清泰。三年（遼天顯十一年）石敬瑭率軍攻入洛陽，李從珂舉族自焚。其事詳載《舊五代史》卷四六至四八《末帝紀》和《新五代史》卷七《廢帝紀》。

[2]石敬瑭（892—942）：後晉王朝開國皇帝，後唐明宗婿。【李注】清泰帝李從珂即位，當時敬瑭爲河東節度使，清泰帝令其移鎮天平（鄆州軍號）。由於雙方本來相互猜忌，於是，敬瑭不受命，並上表論從珂不當立。清泰帝下詔討除，敬瑭向契丹稱臣、稱兒、割地以求援，遂被契丹册立爲皇帝，國號晉，都汴州（今河南省開封市）。天福七年（942）病亡。其事詳載《舊五代史》卷七五至八〇《高祖紀》和《新五代史》卷八《晉本紀》。 晉：石敬瑭所建立的朝代名，史稱後晉。存續於公元936年至948年。

[3]洛：洛京的簡稱。後唐的首都。故址在今河南省洛陽市。

[4]李彥紳：人名。據《通鑑》卷二八〇天福元年（936）十一月己丑（初四日）條，“遣宦者秦繼旻、皇城使李彥紳殺昭信節度使李贊華於其第”。又據《契丹國志》卷一四《東丹王傳》，“其後太宗破石晉，入中原，求得李彥紳、秦繼旻殺之，以其家族財物賜東丹王子兀欲”。

[5]王禮：王爵的禮儀。《舊五代史》卷七六《晉書·高祖紀二》天福元年十二月丙申（十二日）條：“詔封故東丹王李贊華爲燕王，遣前單州刺史李肅部署歸葬本國。”

[6]醫巫閭山：山名。在今遼寧省北鎮市。本書卷三八《地理志二》顯州條：“大同元年，世宗親護人皇王靈駕歸自汴京，以人

皇王愛醫巫閭山水奇秀，因葬焉。"這條記載顯然有誤。葬耶律倍於醫巫閭山者應爲遼太宗而不是遼世宗，歸葬的時間爲天顯末年或會同初年而不應爲大同元年。耶律倍的靈柩是從洛京移出而不是從汴京移出。

[7]世宗：遼代皇帝耶律阮的廟號。

[8]顯陵：耶律倍的陵墓。故址在今遼寧省北鎮市西北。

[9]統和：遼聖宗耶律隆緒年號（983—1012）。

[10]重熙：遼興宗耶律宗真年號（1032—1055）。　二十年：馮家昇《遼史初校》"《紀》（卷二十），載在二十一年"。本書卷二〇《興家本紀三》，重熙二十一年"十一月壬寅朔，增謚文獻皇帝爲文獻欽義皇帝"。

倍初市書至萬卷，[1]藏于醫巫閭絶頂之望海堂。通陰陽，知音律，精醫藥、砭焫之術。[2]工遼、漢文章，嘗譯《陰符經》。[3]善畫本國人物，[4]如《射騎》《獵雪騎》《千鹿圖》，[5]皆入宋秘府。[6]然性刻急好殺，婢妾微過，常加刲灼。夏氏懼而求削髮爲尼。五子：長世宗，次婁國、稍、隆先、道隱，[7]各有傳。[8]

[1]市書：買書。據《契丹國志》卷一四《東丹王傳》："贊華性好讀書，不喜射獵。初在東丹時，令人齎金寶私入幽州市書，載以自隨，凡數萬卷。"

[2]砭（biān）焫（ruò）：中醫用語。指用火燒石針以刺激身體穴位。砭，石針。焫，古同"爇"，點燃，焚燒。

[3]《陰符經》：道教類的書名。舊題黃帝撰。有太公、范蠡、鬼谷子、張良、諸葛亮、李筌六家注。經文三百八十四字，一卷。内容爲敘説虛無之道和修煉之術。唐代李筌自稱從驪山老母處得到，很可能是李筌托古的僞作。【李注】又據稱傳自北魏寇謙之，

本道家之僞本，用以説易相。今佚。

[4]善畫本國人物：據《宣和畫譜》卷八，李贊華“好畫，多寫貴人酋長。至於袖戈挾彈、牽黄臂蒼，服用皆緝胡之纓。鞍勒率皆瑰奇。不作中國衣冠，亦安於所習者也。然議者以爲馬尚豐肥，筆乏壯氣。其確論歟”。

[5]《射騎》：耶律倍所繪圖畫名。現存臺北故宮博物院。

[6]秘府：也稱御府，古代皇宮中珍藏秘笈的機關。據《宣和畫譜》卷八，宋朝御府中存有耶律倍的《雙騎圖》《獵騎圖》《雪騎圖》《千角鹿圖》《吉首並驅騎圖》《射騎圖》《女真獵騎圖》各一件，《番騎圖》六件，《人騎圖》兩件，總共十五件。

[7]婁國：人名。本書卷一一二有傳。　稍：人名。據本書卷八《景宗本紀上》，保寧元年（969）四月，稍被封爲吳王。又據本書卷一〇《聖宗本紀一》，統和元年（983）十月，稍任上京留守、行臨潢尹事。統和三年十一月，稍奉詔總領韓匡嗣葬祭事。

[8]各有傳：本書並無稍傳。此處當是沿襲《遼史》所據底本耶律儼或陳大任的舊史之文。

平王隆先字團隱，母大氏。[1]

[1]大氏：渤海國皇族的姓氏。此人應爲渤海皇族後裔。

景宗即位，[1]始封平王。[2]未幾，兼政事令，[3]留守東京。[4]薄賦税，省刑獄，恤鰥寡，數薦賢能之士。後與統軍耶律室魯同討高麗有功，[5]還。薨，葬瘞巫閭山之道隱谷。

[1]景宗：遼代皇帝耶律賢的廟號。
[2]始封平王：據本書卷八《景宗本紀上》，耶律隆先被封平

王的時間爲保寧元年（969）四月初一日。

[3]政事令：官名。遼朝南面宰相。【李注】遼世宗天禄四年（950）建政事省之前，漢人宰相無定稱；建政事省之後，南面宰相稱"政事令"，且多由契丹貴族擔任。

[4]東京：都城名。遼代神册四年（919）稱東平郡。天顯三年（928），改稱南京，爲東丹國的首都。天顯十三年，改稱東京，爲遼陽府的治所。故址在今遼寧省遼陽市。

[5]統軍：官名。統軍使的簡稱。此處應爲東京都統軍使司的長官。　耶律室魯：人名。本書卷八〇雖有《耶律室魯傳》，但其中並没有任統軍和伐高麗之事，二者是否爲同一個人尚待考。　高麗：【李注】古國名。即王建創建的高麗王朝（918—1392）。統治地域爲今朝鮮半島，首都在開京（今朝鮮開城市）。

　　平王爲人聰明，博學能詩，有《閬苑集》行于世。[1]

[1]《閬（làng）苑集》：書名。今已失傳。閬苑即閬風山之苑，傳説爲仙人所居之境。

　　保寧之季，[1]其子陳哥與渤海官屬謀殺其父，[2]舉兵作亂，上命轘裂于市。

[1]保寧：遼景宗耶律賢年號（969—979）。

[2]陳哥：人名。即耶律陳哥。保寧十年（978）九月初一日，因謀害其父耶律隆先而被處死。

　　晉王道隱字留隱，母高氏。[1]

[1]高氏：即耶律倍之妾高美人。

道隱生于唐，人皇王遭李從珂之害，時年尚幼，洛陽僧匿而養之，因名道隱。太宗滅唐，還京，詔賜外羅山地居焉。[1]性沉靜，有文武才，時人稱之。

[1]外羅山：山名。今地不詳。

景宗即位，封蜀王，[1]爲上京留守。[2]乾亨元年遷守南京，[3]號令嚴肅，民獲安業。居數年，徙封荊王。[4]統和初病薨，[5]追封晉王。

[1]封蜀王：據本書卷八《景宗本紀上》，封道隱爲蜀王是在保寧元年（969）四月初一日。

[2]上京：遼朝的首都。故址在今内蒙古自治區巴林左旗林東鎮。　留守：遼代五京留守司中的最高行政長官。詳見本書卷四八《百官志四》。

[3]乾亨：遼景宗耶律賢年號（979—983）。　南京：亦稱燕京，遼代南京道的治所。故址在今北京市西城區南部。

[4]徙封荊王：據本書卷九《景宗本紀下》乾亨元年（979）十二月條，“壬戌（十七日）蜀王道隱南京留守，徙封荊王”。封荊王並非在任南京留守數年之後，而是同時。因此，馮家昇《遼史研究與遼史初校》稱“‘居數歲’三字係衍文”。

[5]病薨：本書卷一〇《聖宗本紀一》統和元年（983）正月“丙寅（初九日），荊王道隱有疾，詔遣使存問。是日，皇太后幸其邸視疾”。“甲戌（十七日），荊王道隱薨，輟朝三日，追封晉王，遣使撫慰其家”。據《梁援墓誌》，晉王道隱有女嫁給了梁援的祖父梁延敬。

論曰：自古新造之國，一傳而太子讓，豈易得哉？遼之義宗，可謂盛矣！然讓而見疑，豈不兆於建元稱制之際乎？斯則一時君臣昧於禮制之過也。

束書浮海，寄跡他國，思親不忘，問安不絕，其心甚有足諒者焉。觀其始，慕泰伯之賢而爲遠適之謀，[1]終疾陳恒之惡而有請討之舉，[2]志趣之卓，蓋已見於早歲先祀孔子之言歟。善不令終，天道難詰，得非性卞嗜殺之所致也！雖然，終遼之代，賢聖繼統，皆其子孫。至德之報，昭然在茲矣。

[1]泰伯：即吳太伯。

[2]陳恒：又名田常，春秋時齊國的宰相。謚成子。【李注】魯哀公十四年（前481），陳恒殺齊簡公，代齊。《論語·憲問》：陳成子殺簡公，孔子沐浴而朝，告於哀公，曰：“陳恒殺其君，請討之。”（疏云：孔子沐浴而朝，告於哀公者，魯齊同盟，分災救患，故齊亂則魯宜討之。禮，臣下凡欲告君諸謀，必先沐浴。孔子是臣，故先沐浴告於哀公。）陳恒事蹟詳載《史記》卷四六《田敬仲完世家》。

章肅皇帝，[1]小字李胡，[2]一名洪古，字奚隱，太祖第三子，[3]母淳欽皇后蕭氏。少勇悍多力，而性殘酷，小怒輒黥人面，[4]或投水火中。太祖嘗觀諸子寢，李胡縮項臥內，曰：“是必在諸子下。”又嘗大寒，命三子採薪。太宗不擇而取，最先至；人皇王取其乾者束而歸，後至；李胡取少而棄多，既至，袖手而立。太祖曰：“長巧而次成，少不及矣。”而母篤愛李胡。

[1]章肅皇帝：遼興宗於重熙二十一年（1052）九月甲子（二十二日）給耶律李胡所追封的謐號。

[2]李胡（912—960）：契丹語人名。即耶律李胡。《長編》卷七〇把李胡的名字記爲"阮"。據本書卷一《太祖本紀上》，李胡生於公元918年八月壬辰（十七日）。

[3]第三子：《長編》卷七〇稱李胡爲"自在太子"。

[4]黥：【李注】墨刑，於面部或前額刺字，塗墨。

　　天顯五年遣徇地代北，[1]攻寰州，[2]多俘而還，遂立爲皇太弟兼天下兵馬大元帥。[3]太宗親征，常留守京師。世宗即位鎮陽，[4]太后怒，遣李胡將兵擊之。至泰德泉，[5]爲安端、留哥所敗。[6]太后與世宗隔潢河而陣，[7]各言舉兵意。耶律屋質入諫太后曰：[8]"主上已立，宜許之。"時李胡在側，作色曰："我在，兀欲安得立？"[9]屋質曰："奈公酷暴失人心何！"太后顧李胡曰："昔我與太祖愛汝異於諸子。諺云'偏憐之子不保業，難得之婦不主家。'我非不欲立汝，汝自不能矣。"及會議，世宗使解劍而言和。約既定，趨上京。會有告李胡與太后謀廢立者，徙李胡祖州，[10]禁其出入。

[1]代北：代，州名。治所故址在今山西省代縣。據本書卷三《太宗本紀上》，天顯四年（929）十月"甲子（二十九日），詔皇弟李胡帥師趣雲中，討郡縣之未服者"。十一月"丁卯（初二日），餞皇弟于西郊"。代北泛指代州以北地區。

[2]寰州：州名。五代後唐天成元年（926）置。治所在今山西省朔州市東北。據本書卷三《太宗本紀上》天顯五年"正月庚午（初五日），皇弟李胡拔寰州捷至"。

[3]皇太弟：遼代皇族中最高封號之一，地位等同於皇太子和皇太叔。有此等封號者皆兼任天下兵馬大元帥的虛銜，意味着有皇位繼承權。據本書卷三《太宗本紀上》，冊封李胡爲壽昌皇太弟兼天下兵馬大元帥是在天顯五年三月乙亥（十一日）。

[4]鎮陽：即鎮州。大同元年（947）二月朔日，改稱中京。治所在今河北省正定縣。據本書卷五《世宗本紀》，遼世宗在鎮陽即位是在大同元年四月戊寅（二十三日）。

[5]泰德泉：地名。今地不詳。

[6]安端（？—952）：姓耶律，字猥隱。遼太祖耶律阿保機的五弟。神冊三年（918）爲惕隱。天顯四年爲北院夷离堇。天祿初，以功爲東丹國的國王。卒於應曆二年（952）十二月辛亥（二十九日）。其事蹟詳載本書卷六四《皇子表》。　留哥：即耶律留哥。本書卷一一三有傳。

[7]潢河：河名。即今西遼河上游的支流西拉木倫河。

[8]耶律屋質（916—973）：【李注】遼宗室，字敵輦。會同間爲惕隱。太宗死後，世宗初立，屋質調解太后與世宗的矛盾，得以避免大規模內戰。天祿二年（948）助世宗挫敗天德、蕭翰等謀反。後平定察割之亂及立穆宗，皆有功。本書卷七七有傳。

[9]兀欲：遼世宗的小名。

[10]徙：原本誤作“徒”，明抄本、南監本、北監本和殿本均作“徙”。中華點校本、修訂本、補注本徑改。今據改。長箋本引《羅校》出校。　祖州：遼代州名。因遼太祖的數代祖先均誕生於此而得名。境內有遼太祖的祖陵。治所故址在今內蒙古自治區巴林左旗查干哈達蘇木石房子嘎查。

穆宗時其子喜隱謀反，[1]辭逮李胡，囚之，死獄中，年五十，[2]葬玉峰山西谷。[3]統和中，追謚欽順皇帝。[4]重熙二十一年更謚章肅，后曰和敬。[5]二子：宋王喜隱、衛王宛。[6]

[1]穆宗：遼代皇帝耶律璟的廟號。 喜隱：人名。《契丹國志》卷一四《恭順皇帝傳》作名"拽剌"。本書本卷有傳。

[2]年五十：據本書卷一《太祖本紀上》，李胡生於公元912年。又據本書卷六《穆宗本紀上》，李胡死於應曆十年（960）十月丙子（初十日）。以此推算，李胡享年應爲四十九歲。

[3]玉峰山：山名。《契丹國志》卷一四《恭順皇帝傳》稱"葬于祖州"。玉峰山應在祖州境內，約在今内蒙古自治區巴林左旗查干哈達蘇木石房子嘎查西部山區。

[4]欽順皇帝：本書卷二〇《興宗本紀三》重熙二十一年（1052）九月條和《長編》卷七〇均作"恭順皇帝"，是。《遼上京地區出土的遼代碑刻彙輯》收錄的《韓橁墓誌》作"壽昌恭順昭簡皇帝"。此處與本書卷一四《聖宗紀五》及卷六四《皇子表》之所以作"欽順"是因襲金代陳大任的舊文。陳大任因避金章宗的父親允恭的名諱，故改"恭順"爲"欽順"。又據本書卷一四，謚李胡爲欽順是在統和二十六年（1008）七月。

[5]后曰和敬：據《韓橁墓誌》，李胡另有一嬪爲聖元神睿貞列皇后（即淳欽皇后）娘家的姪女。後來改嫁韓匡美，被封爲鄴王妃。生有二男一女。

[6]宛：人名。應曆三年十月因謀反而被捕。次年正月釋放。保寧元年（969）四月朔日被封爲衛王。"宛"原本誤"完"。中華點校本據本書卷六《穆宗本紀上》應曆三年十月、《皇子表》《皇族表》及《永樂大典》卷五二五二改。今從改。

喜隱字完德，雄偉善騎射，封趙王。應曆中，[1]謀反事覺，[2]上臨問有狀，以親釋之。[3]未幾復反，下獄。景宗即位，聞有赦，自去其械而朝。上怒曰："汝罪人，何得擅離禁所？"詔誅守者，復實于獄。及改元保寧，乃宥之，妻以皇后之姊，[4]復爵，王宋。[5]

[1]應曆：遼穆宗耶律璟年號（951—969）。

[2]謀反：據本書卷六《穆宗本紀上》，喜隱謀反是在應曆十年十月。

[3]釋之：據本書卷六《穆宗本紀上》，喜隱被釋放是在應曆十一年二月丙寅（初二日）。

[4]皇后：指遼景宗的皇后蕭燕燕。據《長編》卷五五，蕭燕燕的二姐嫁給了趙王（即喜隱），稱趙妃。趙王死後，趙妃在給蕭燕燕的酒中投毒，被奴婢揭發，遂被蕭燕燕鴆死。據《東都事略》，蕭燕燕的二姐叫蕭夷懶。

[5]王宋：據本書卷八《景宗本紀上》，保寧元年（969）四月戊申朔日，"改封趙王喜隱爲宋王"。

喜隱輕儇無恒，小得志即驕。上嘗召，不時至，怒而鞭之，由是憤怨謀亂。貶而復召，適見上與劉繼元書，[1]辭意卑遜，諫曰："本朝於漢爲祖，[2]書旨如此，恐虧國體。"帝尋改之。授西南面招討使，[3]命之河東索吐蕃户，[4]稍見進用。復誘群小謀叛，上命械其手足，築圜土囚祖州。宋降卒二百餘人欲刼立喜隱，以城堅不得入，立其子留禮壽，[5]上京留守除室擒之。[6]留禮壽伏誅，[7]賜喜隱死。[8]

[1]劉繼元（？—991）：北漢的末代皇帝。本姓何，母爲北漢皇帝劉崇之女。被其舅父劉承鈞（後改名鈞）收養爲子。遼應曆十八年（968）七月，繼其同母異父兄劉繼恩之後爲北漢皇帝。公元

979 年降宋。《宋史》卷四八二《北漢劉氏世家》詳載其事。

[2]漢：劉崇所建朝代名。史稱北漢。存續於公元 951 年至 979 年，傳四帝而亡於宋。《宋史》卷四八二《北漢劉氏世家》詳載其事。

[3]西南面招討使：遼代設在西京道的西南面招討司的軍事長官。負責對西夏的用兵。據本書卷九《景宗本紀下》，喜隱被任命爲西南面招討使是在保寧九年（977）六月丙辰（初九日）。

[4]河東：地名。約當今山西省。因在黃河之東，漢唐時又在此設河東郡而得名。此處代指北漢。　吐蕃：此處“吐蕃”或係“吐谷渾”之誤。因爲據本書卷九《景宗本紀下》，喜隱任西南面招討使是在保寧九年六月至乾亨二年（980）六月間。在此期間，並無吐蕃户入河東之記載。惟保寧九年十一月有“吐谷渾叛入太原者四百余户，索而還之”。喜隱所索者或指此事。【李注】原爲中國古代藏族政權名，公元七至九世紀在青藏高原建立。吐蕃政權崩潰以後，宋元及明初史籍稱青藏高原上的土著族、部爲吐蕃。

[5]留禮壽（？—981）：人名。據本書卷九《景宗本紀下》，留禮壽被上京亂軍立爲僞帝是在乾亨三年五月丙午（初十日）。

[6]除室：人名。據本書卷九《景宗本紀下》，除室因平亂有功，於乾亨三年十一月加官同政事門下平章事。

[7]伏誅：據本書卷九《景宗本紀下》，留壽禮是在乾亨三年七月甲子（二十九日）伏誅。

[8]賜喜隱死：據本書卷九《景宗本紀下》，賜喜隱死是在乾亨四年七月壬辰（初三日）。

論曰：李胡殘酷驕盈，太祖知其不才而不能教，太后不知其惡而溺愛之。初以屋質之言定立世宗，而復謀廢立。子孫繼以逆誅，并及其身，可哀也已。

夫自太祖之世，剌葛、安端首倡禍亂，[1]太祖既不之誅，又復用之，固爲有君人之量。然惟太祖之才足以駕馭，庶乎其可也。李胡而下，宗王反側，無代無之，遼之內難與國始終。厥後嗣君雖嚴法以繩之，卒不可止。烏虖，創業垂統之主，所以貽厥孫謀者，[2]可不審歟！

[1]剌葛：字率懶，遼太祖耶律阿保機的二弟。曾發動反對遼太祖的叛亂。後自幽州南竄，爲人所殺。【李注】《通鑑》卷二七〇後梁均王貞明四年（918）於事後追述此事："初，契丹主之弟撒剌阿撥號北大王，謀作亂於其國。事覺，契丹主數之曰：'汝與吾如手足，而汝興此心，我若殺汝，則與汝何異！'乃囚之期年而釋之。撒剌阿撥帥其衆奔晉，晉王厚遇之，養爲假子，任爲刺史"；同年，晉軍渡河攻汴州，與梁戰於胡柳，失利，撒剌攜妻子奔梁。另據本書卷六四《皇子表》，剌葛後南竄。所謂"撒剌阿撥"可能就是剌葛，爲後唐莊宗李存勗所殺。《通鑑》卷二七二後唐莊宗同光元年（923）（冬十月）詔："契丹撒剌阿撥叛兄棄母，負恩背國，宜與［趙］巖等並誅於市。"

[2]貽厥孫謀：留給兒孫的法則。典出《尚書·五子之歌》"有典有則，貽厥子孫"和《詩經·文王有聲》"貽厥孫謀，以燕翼子"。

　　順宗名濬，[1]小字耶魯斡，道宗長子，[2]母宣懿皇后蕭氏。[3]幼而能言，好學知書。道宗嘗曰："此子聰慧，殆天授歟！"

[1]順宗：據本書卷二七《天祚本紀一》，天祚帝於乾統元年（1101）十月甲辰（十七日）給他父親耶律濬所追封的廟號。　名

濬：據《契丹國志》卷一三，耶律濬初名空古里，封秦王，後名元吉。據本書卷二一《道宗本紀一》，耶律濬生於清寧四年（1058）。

[2]道宗：遼代皇帝耶律洪（弘）基的廟號。

[3]宣懿皇后：遼道宗的皇后蕭觀音的諡號。由其孫天祚帝於乾統元年六月庚子（十三日）所追諡。本書卷七一有傳。

六歲封梁王。[1]明年，從上獵，矢連發三中。上顧左右曰："朕祖宗以來，騎射絶人，威震天下。是兒雖幼，不墜其風。"後遇十鹿，射獲其九。帝喜，設宴。八歲立爲皇太子。[2]大康元年兼領北、南樞密院事。[3]

[1]封梁王：據本書卷二二《道宗本紀二》，耶律濬被封梁王是在清寧九年（1063）。斯時恰爲六歲。

[2]立爲皇太子：據本書卷二二《道宗本紀二》，耶律濬被册爲皇太子是在咸雍元年（1065）正月朔日。

[3]大康：遼道宗耶律洪基年號（1075—1084）。　北、南樞密院：【李注】官署名。爲遼朝的實際宰輔機構，總領北、南面官。北樞密院又稱契丹樞密院，掌軍事、部族；南樞密院又稱漢人樞密院，掌漢人州縣之事。　大康元年兼領北、南樞密院事：據本書卷一一〇，皇太子耶律濬於大康元年"始預朝政，法度修明"。

及母后被害，[1]太子有憂色。[2]耶律乙辛爲北院樞密使，[3]常不自安。會護衛蕭忽古謀害乙辛，[4]事覺下獄。副點檢蕭十三謂乙辛曰：[5]"臣民心屬太子。公非閥閱，一日若立，吾輩措身何地！"迺與同知北院宣徽事蕭特裏特謀構陷太子，[6]陰令右護衛太保耶律查剌誣告都宮使耶律撒剌、知院蕭速撒、護衛蕭忽古謀廢立。[7]詔案無迹，不治。

[1]母后被害：據本書卷二三《道宗本紀三》，宣懿皇后於大康元年（1075）十一月辛酉（初三日）因被誣衊與伶官趙惟一通姦而賜死。又據王鼎《焚椒録》，皇后是被逼迫用白練上吊而死。遼道宗把裸着的皇后的屍體用葦蓆裹着退還給她娘家。

[2]太子有憂色：據《焚椒録》，皇后被害前，太子曾"被髮流涕乞代母死"。皇后被害後，皇太子投地大叫曰："殺吾母者耶律乙辛也，他日不門誅此賊不爲人子。"

[3]耶律乙辛（？—1083）：【李注】五院部人。字胡覩袞。重熙中，爲文班吏。道宗清寧五年（1059）爲南院樞密使，改知北院，封趙王。九年重元亂平，拜北院樞密使，進封魏王。大康元年（1075）誣皇后蕭觀音致死，三年又害死太子耶律濬。七年冬坐以禁物鬻入外國，幽於來州。九年謀奔宋及私藏兵甲事發，伏誅。本書卷一一〇有傳。　北院樞密使：契丹北樞密院的首長。屬北面朝官。據本書卷四五《百官志一》，"掌兵機、武銓、群牧之政，凡契丹軍馬皆屬焉"。

[4]護衛：官名。據本書卷四五《百官志一》，屬北面御帳官。北護衛府和南護衛府均有左、右護衛。　蕭忽古：人名。本書卷九九有傳。

[5]副點檢：殿前副點檢的簡稱。殿前都點檢司的副長官。屬南面朝官。　蕭十三：耶律乙辛奸臣集團中的成員。本書卷一一〇有傳。其本傳中把他對耶律乙辛的話記爲："今太子猶在，臣民屬心。大王素無根柢之助，復有誣皇后之怨。若太子立，王置身何地？宜熟計之。"

[6]同知北院宣徽事：官名。宣徽北院的官員。掌北院御前祗應事。　蕭特裏特：亦作"蕭得裏特"，耶律乙辛奸臣集團的成員。本書卷一一一有傳。

[7]右護衛太保耶律查剌：中華點校本校勘記曰，"右護衛太保"原誤"護衛太保"。據本書卷二三《道宗本紀三》大康三年五月及本書卷四五《百官志一》改。今從。　知院蕭速撒：中華點校本校勘記曰，"蕭"原誤"耶律"，據本書卷二三《道宗本紀三》大康二年六月及卷九九本傳改。今從。

乙辛復令牌印郎君蕭訛都斡等言：[1]"查剌前告非妄，臣實與謀，欲殺耶律乙辛等，然後立太子。臣若不言，恐事發連坐。"帝信之，幽太子于別室，以耶律燕哥鞫案。[2]太子具陳枉狀曰：[3]"吾爲儲副，尚何所求。公當爲我辨之。"燕哥乃乙辛之黨，易其言爲款伏。上大怒，廢太子爲庶人。將出，曰："我何罪至是!"[4]十三叱登車，遣衛士闔其扉。徙于上京，囚圜堵中。乙辛尋遣達魯古、撒八往害之，[5]太子年方二十，上京留守蕭撻得紿以疾薨聞。[6]上哀之，命有司葬龍門山。[7]欲召其妃，乙辛陰遣人殺之。

[1]牌印郎君：官名。牌印局的首長。　蕭訛都斡：人名。耶律乙辛奸臣集團的成員。據漢字和契丹小字《宋魏國妃墓誌銘》，其曾祖父爲解里·桃隈，其祖父爲六溫·高九，其父爲時時里·迪烈。本書卷一一一有傳。

[2]耶律燕哥：人名。耶律乙辛奸臣集團的成員。本書卷一一〇有傳。

[3]陳枉狀曰：太子所陳述的話在本書卷一一〇《耶律燕哥傳》中作："帝惟我一子，今爲儲嗣，復何求，敢爲此事! 公與我爲昆弟行，當念無辜，達意於帝。"

[4]我何罪："我"原誤作"哉"，明抄本、南監本、北監本和

殿本均作"我"。中華點校本、修訂本、補注本徑改。今據改。長
箋本引《羅校》出校。

[5]達魯古：即蕭達魯古，耶律乙辛奸臣集團的成員。本書卷
一一一有傳。　撒八：亦作"撒把"，人名。時任近侍直長。　往
害之：據本書卷二三《道宗本紀三》，太子被害是在大康三年
（1077）十一月。

[6]蕭撻得：人名。耶律乙辛奸臣集團的成員。他利用上京留
守的職權，與蕭達魯古和撒把一起"夜引力士至囚室，紿以有赦，
召太子出，殺之，函其首以歸。詐云疾薨"。

[7]龍門山：山名。在祖州（今内蒙古自治區巴林左旗查干哈
達蘇木石房子嘎查）。

帝後知其冤，[1]悔恨無及，謚曰昭懷太子，[2]以天子
禮改葬玉峰山。乾統初，[3]追尊大孝順聖皇帝，[4]廟號順
宗，妃蕭氏貞順皇后。[5]一子，延禧，[6]即天祚皇帝。[7]

[1]帝後知其冤："帝"原本誤"州"。中華點校本據《大典》
卷五二五二改。今從。

[2]謚曰昭懷太子：據本書卷二四《道宗本紀四》，耶律濬被
追謚爲昭懷太子是在大康九年（1083）閏六月戊寅（初四日）。

[3]乾統：遼代天祚帝耶律延禧年號（1101—1110）。據本書
卷二七《天祚皇帝本紀一》，追尊耶律濬爲大孝順聖皇帝是在乾統
元年十月甲辰（十七日）。

[4]大孝順聖皇帝：《梁援墓誌》作"昭懷大孝德順宗皇帝"。

[5]貞順皇后：天祚帝於乾統元年十月甲辰（十七日）給他母
親追封的謚號。據漢字《梁國太妃墓誌銘》，貞順皇后是本書卷九
一有傳的蕭朮哲（漢名知微）和梁國太妃的長女。貞順皇后的母親
梁國太妃是耶律仁先之妹。《契丹國志》卷一〇稱天祚帝之母爲

“木拙氏”，不足取。

[6]延禧（1075—1128）：即耶律延禧，小字果阿。遼朝末代皇帝。本書卷二七至卷三〇有本紀。

[7]天祚皇帝：耶律延禧於壽隆（即壽昌）七年（1101）正月甲戌（十三日）即皇帝位後，群臣給他所上的尊號。

論曰：道宗知太子之賢，而不能辨乙辛之詐，竟絶父子之親，爲萬世惜。乙辛知爲一身之計，不知有君臣之義，豈復知有太子乎！姦邪之臣亂人家國如此，可不戒哉！可不戒哉！

晉王，[1]小字敖盧斡，[2]天祚皇帝長子，母曰文妃蕭氏。[3]

[1]晉王：耶律敖盧斡的爵位。據本書卷二七《天祚皇帝本紀一》，敖盧斡被封晉王是在乾統六年（1106）十一月戊戌（十一日）。

[2]敖盧斡：人名。即耶律敖盧斡。本書卷六四《皇子表》作“敖魯斡”。

[3]文妃蕭氏：小字瑟瑟。本書卷七一有傳。

甫髫齔，馳馬善射。出爲大丞相耶律隆運後，[1]封晉王。性樂道人善，而矜人不能。時宫中見讀書者輒斥。敖盧斡嘗入寢殿，見小底茶剌閲書，[2]因取觀。會諸王至，陰袖而歸之，曰：“勿令他人見也”。一時號稱長者。

[1]大丞相：官名。遼代南面朝官中書省的首長。　耶律隆運(941—1011)：原名韓德讓，其契丹語全名爲▨▨▨▨（興寧·姚哥）。爲遼代開國功臣韓知古之孫，韓匡嗣第四子。遼聖宗時期的賢相。官至大丞相、總知二樞府事。賜國姓，隷橫帳季父房後。玉諜聯名。遼代漢臣中最爲顯赫者。本書卷八二和《契丹國志》卷一八均有傳。據羅繼祖在《遼承天后與韓德讓》（《吉林大學社會科學學報》1962 年第 3 期）一文的考證，承天后改嫁給了韓德讓。

[2]小底：内侍，小厮。亦作"小的"。　茶剌：人名。本書祇此一見。

及長，積有人望，内外歸心。保大元年南軍都統耶律余覩與其母文妃密謀立之。[1]事覺，余覩降金，[2]文妃伏誅。敖盧斡實不與謀，免。二年，耶律撒八等復謀立，不克。上知敖盧斡得人心，不忍加誅，令縊殺之。或勸之亡，敖盧斡曰："安忍爲蕞爾之軀而失臣子之大節"。遂就死。聞者傷之。

[1]保大：遼代天祚帝耶律延禧年號（1121—1125）。　南軍都統：軍官名。南征都統所（亦稱南面行軍都統所）的首長。　耶律余覩（？—1132）：亦名余都姑。天祚帝文妃的妹夫。仕遼官至副都統。後降金。本書卷一〇二、《金史》卷一三三和《契丹國志》卷一九均有傳。

[2]降金：據《金史》卷二《太祖本紀》，耶律余覩降金是在金天輔五年即遼朝保大元年（1121）五月。

論曰：天祚不君，臣下謀立其子，適以殺之。敖盧斡重君父之命，不亡而死，申生其恭矣乎![1]

[1]申生：人名。春秋時代晉獻公的大兒子。晉獻公寵驪姬。驪姬想讓晉獻公立她所生的兒子奚齊爲太子，於是就陷害申生。當申生把祭祀生母齊姜的胙肉按禮獻給獻公時，驪姬乘機把毒藥放入胙肉中。獻公回來之後，正想吃胙肉，驪姬攔住説："外面送進來的東西應先試試再吃。"於是把肉湯潑在地上一些，地上就鼓起了一個土包。又拿了一塊胙肉喂狗，狗被毒死了。又給一個小臣吃胙肉，小臣也被毒死了。驪姬向獻公進讒言，説申生欲害獻公。有人勸申生逃走，申生不肯，被迫自縊而死。其事詳載《左傳・僖公四年》和《史記》卷三九《晉世家》。　恭：申生的謚號。申生自縊死，陷父於不義，不得爲孝，但得謚恭。故謚恭世子。其事詳載《禮記・檀弓上》。

（劉鳳蕭校注　李錫厚補）

遼史　卷七三

列傳第三

耶律曷魯　蕭敵魯　阿古只　耶律斜涅赤　老古　頗德
耶律欲穩　耶律海里[1]

[1]"耶律曷魯"至"耶律海里"：原本、南監本、明抄本無，
據北監本、殿本補。中華點校本、修訂本、補注本和長箋本有，但
均未出校。

　　耶律曷魯字控溫，一字洪隱，迭剌部人。[1]祖匣馬
葛，[2]簡憲皇帝兄。[3]父偶思遙輦時爲本部夷离堇，[4]曷
魯其長子也。

　　[1]迭剌部：契丹部族名。遙輦部落聯盟時期八部之外的強不
可制的大部。【李注】據本書卷三二《營衛志·部族》，遙輦氏時
期，原來耶律（即世里）有七部，後合併爲一，成爲迭剌部。遼代
建國之後把此部析爲五院、六院二部。
　　[2]匣馬葛：契丹語人名𗙶𗙦的音譯。亦譯作"辖麥哥"。錢大
昕《廿二史考異》稱，帖剌、蒲古只、匣馬葛爲一人三名。誤。據

契丹小字《耶律迪烈墓誌銘》記載，帖剌的長子爲蒲古只，次子爲匣馬葛。匣馬葛爲耶律羽之和耶律元寧（安世）的祖父。《耶律羽之墓誌銘》稱"祖諱曷魯‧匣麥，夷离菫。兩奉王猷，控制藩屏"。《耶律元寧（安世）墓誌銘》稱"首拜國官夷离菫，即今北大王之秩諱曷魯‧轄麥哥，公之烈祖也"。"匣馬葛""匣麥"和"轄麥哥"爲契丹語同一單詞󰀀的異譯。由此看來，"匣馬葛"僅是此人契丹語名字的一部分，其全名應爲"曷魯‧匣馬葛"或"曷魯‧轄麥哥"。根據對契丹文字的解讀，契丹人的契丹語名字有"小名（孩子名）"和"第二個名"及"全名"之分，全名是把"小名"和"第二個名"疊加在一起，疊加時"第二個名"在前，"小名"在後。每一種名均可單獨使用。契丹小字《耶律迪烈墓誌銘》第七行有󰀀有"曷魯寧‧轄麥哥夷离菫"。此人就是耶律羽之的祖父。󰀀確切音譯應爲"曷魯寧"，譯爲"曷魯"是省略了尾音［n］。

　　[3]簡憲皇帝：重熙二十一年（1052）七月朔日給遼太祖的祖父勻德實追尊的謚號。本書卷二〇和卷六六均作"簡獻皇帝"。兄：據契丹小字《耶律迪烈墓誌銘》記載，痕得‧帖剌夷离菫是天皇帝（遼太祖）之祖父玄祖皇帝（簡憲皇帝）之胞兄，痕得‧帖剌夷离菫的第二個兒子是曷魯寧‧轄麥哥。因此，匣馬葛不是簡憲皇帝兄，而是簡憲皇帝之侄。這樣一來又與後面的釋魯是耶律曷魯的從父的記載相矛盾，姑且存疑待考。

　　[4]偶思：人名。《耶律羽之墓誌銘》作"列考諱漚思‧涅列，夷离菫，金雲大王。劍履承家，旌麾顯世"。　遙輦：唐朝時期契丹族的部落聯盟名。　夷离菫：契丹部族官名。契丹小字作󰀀，意爲部長。【李注】源於突厥語官名"俟斤"（Irkin）。突厥各部的最高元首稱"可汗"（Qaghan），其他各部酋長則稱爲"俟斤"。初，契丹"其君大賀氏，有勝兵四萬，臣於突厥，以爲俟斤"（《新唐書》卷二一九《契丹傳》）。後，契丹首領自立爲可汗，其下所屬

各部酋長則稱爲"俟斤"，亦即夷离堇。契丹立國後，大部族之夷离堇稱王，小部族之夷离堇則稱爲節度使。舉凡一部之軍政、民政皆由其統掌。參韓儒林《穹廬集》（上海人民出版社 1982 年版，第 314—316 頁）。

性質厚。在髫齔與太祖遊，[1] 從父釋魯奇之，[2] 曰："興我家者，必二兒也。"太祖既長，相與易裘馬爲好，[3] 然曷魯事太祖彌謹。會滑哥弒其父釋魯，[4] 太祖顧曷魯曰："滑哥弒父，料我必不能容，將反噬我。今彼歸罪臺哂爲解，[5] 我姑與之。是賊吾不忘也。"自是曷魯常佩刀從太祖，以備不虞。

　　[1]太祖：遼代皇帝耶律阿保機的廟號。
　　[2]從父：伯父和叔父的通稱。根據漢字和契丹小字《耶律智先墓誌銘》，釋魯是遼太祖的二伯父。根據前面的考釋，耶律曷魯的祖父匣馬葛是簡憲皇帝之侄，則耶律曷魯與遼太祖不是一輩的，而是比遼太祖晚一輩，姑且存疑，待考。　釋魯：人名。本書卷二《太祖本紀下》稱他"北征于厥、室韋，南略易、定、奚、霤，始興板築，置城邑，教民種桑麻，習組織，已有廣土衆民之志"。本書卷六四《皇子表》稱他"字述瀾，重熙中，追封爲隋國王，于越。駢脅多力，賢而有智。先遙輦氏可汗歲貢于突厥，至釋魯爲于越，始免"。《耶律仁先墓誌銘》稱他爲"述剌·實魯于越"。《耶律慶嗣墓誌銘》稱他爲"于越蜀國王述列·實魯，即太祖天皇帝之伯父也"。"述瀾""述剌""述列"爲同一個契丹語單詞不同的音譯。"釋魯"和"實魯"亦爲同一個契丹語單詞不同的音譯。由此看來，契丹人的名字一般由兩個單詞組成。"釋魯"僅是此人名字中的一個單詞，其全名應爲"述瀾·釋魯""述剌·實魯"或"述列·實魯"。

　　[3]易裘馬爲好：契丹族表示友誼的最高禮節。本書卷一《太祖本紀上》遼太祖與李克用"易袍馬，約爲兄弟"。本書卷一○"上（遼聖宗）與斜軫於太后前易弓矢鞍馬，約以爲友"。皆爲其例。

　　[4]滑哥（？—912）：人名。此人品行陰險。他與其父的小妾通奸，懼怕事情敗露後被他父親責罰，遂與蕭臺哂一起害死了他父親，並把責任推給蕭臺哂一人，從而暫時逍遙法外。遼太祖即位後，授以惕隱。後因謀反而與其子痕只俱被凌遲。本書卷一一二有傳。

　　[5]臺哂：人名。即蕭臺哂。任官剋。剋爲統兵官，契丹置。

　　居久之，曷魯父偶思病，召曷魯曰："阿保機神略天授，[1]汝率諸弟赤心事之。"已而太祖來問疾，偶思執其手曰："爾命世奇才。吾兒曷魯者他日可委以事，吾已諭之矣。"既而以諸子屬之。

　　[1]阿保機：遼太祖的契丹語名字。《通鑑》卷二六六注引趙志忠《虜庭雜記》云"太祖諱億，番名阿保謹，又諱斡里"。漢字文獻在處理契丹人的契丹語名字時，把"小名"作"名"，把"第二個名"處理爲"字"。凡"第二個名"均有尾音［n］。"阿保機"和"阿保謹"是同名異譯，是番名，即契丹语的"第二個名"。"阿保謹"的翻譯更符合尾音［n］語言特點。"小字"即小名。"啜里只"和"斡里"爲同名異譯，是小名。

　　太祖爲撻馬狘沙里參預部族事，[1]曷魯領數騎召小黃室韋來附。[2]太祖素有大志，而知曷魯賢，軍國事非曷魯議不行。會討越兀與烏古部，[3]曷魯爲前鋒，戰有功。

[1]撻馬狘（xuè）沙里：契丹語音譯詞。官名。意爲“管率
衆人的郎君”。本書卷一一六《國語解》稱“撻馬，人從也。沙
里，郎君也。管率衆人之官”。在契丹語中，謂語置於賓語後面。
從語法分析，“狘”應爲作謂語用的動詞，“管率”之義。【李注】
這是阿保機即位前首次擔任的官職，大概這一職位是爲契丹貴族子
弟所獨擅，其地位高於一般撻馬。詳楊志玖《元史三論》（人民出
版社 1985 年版，第 62 頁）。一般撻馬爲扈從官。

[2]小黄室韋：部族名。由唐代的黄頭室韋分化而來，遊牧於
今洮兒河下游流域。【李注】據本書卷三三《營衛志下》：小黄室
韋實即突呂不室韋的一部分，本名大、小二黄室韋户。阿保機爲撻
馬狘沙里時，以計降伏大、小黄室韋，並且仍置爲二部。後設節度
使，戍泰州（今吉林省白城市），隸屬東北路統軍司。
[3]越兀：部族名。其事不詳。　烏古部：部族名。“烏”原
本誤作“鳥”，明抄本、南監本、北監本和殿本均作“烏”。中華
點校本、修訂本、補注本徑改。今據改。長箋本引《羅校》出校。
烏古，又稱嫗厥律、于厥律，居契丹西北。

及太祖爲迭剌部夷离堇，討奚部，[1]其長术里倔險
而鷙，[2]攻莫能下，命曷魯持一笴往諭之。既入，爲所
執。迺説奚曰：“契丹與奚言語相通，實一國也。我夷
离堇於奚豈有輘轢之心哉？漢人殺我祖奚首，[3]夷离堇
怨次骨，日夜思報漢人。顧力單弱，使我求援於奚，傳
矢以示信耳。夷离堇受命於天，撫下以德，故能有此衆
也。今奚殺我，違天背德，不祥莫大焉。且兵連禍結，
當自此始，豈爾國之利乎！”术里感其言，乃降。

　　[1]奚：【李注】部族名。即庫莫奚，與契丹“異種而同類”。據《五代會要》卷二八《奚》：“奚，本匈奴別種，即東胡之地，人物風俗與突厥同。族有五姓：一曰阿會部，管縣六；二曰啜米部，管縣四；三曰奧質部，管縣六；四曰奴皆部，管縣四；五曰黑訖支部，管縣三。每部有刺史，每縣有令，酋長號奚王。”此奚王是被契丹降伏以後的奚部族酋長。《新五代史》卷七四《四夷附録第三》所記奚各部名稱與《五代會要》相同：奚“分爲五部：一曰阿薈部，二曰啜米部，三曰粤質部，四曰奴皆部，五曰黑訖支部。後徙居琵琶川，在幽州東北數百里。地多黑羊，馬趫前蹄堅，善走，其登山逐獸，下上如飛”。奚本來祇有五部，阿保機降伏五部奚之後設置墮瑰部，而成六部。詳本書卷三三《營衛志下·部族下》。

　　[2]术里：人名。本書僅此一見。本書卷一《太祖本紀上》唐天復元年（901）條的“奚帥轄剌哥”，在時間、身份和讀音方面均與此相近，或許是同名異譯。

　　[3]奚首：人名。本書僅此一見，與“九奚首”不是一回事。有擬爲“奇首可汗”者，在時間和事實方面均不合。

　　太祖爲于越，[1]秉國政，欲命曷魯爲迭刺部夷离堇。辭曰：“賊在君側，未敢遠去。”太祖討黑車子室韋，[2]幽州劉仁恭遣養子趙霸率衆來救。[3]曷魯伏兵桃山，[4]俟霸衆過半而要之，與太祖合擊，斬獲甚衆，遂降室韋。太祖會李克用于雲州，[5]時曷魯侍，克用顧而壯之曰：“偉男子爲誰？”太祖曰：“吾族曷魯也。”

　　[1]于越：契丹語音譯詞。官名。本書卷一一六《國語解》稱“于越，貴官，無所職。其位在北、南大王上，非有大功德者不授”。

　[2]黑車子室韋：部族名。室韋之一部，即《舊唐書》卷一九五《回紇傳》的“和解室韋”。由唐代初年室韋中的和解部發展而來。唐末時已遷徙至陰山之東。【李注】其住地當今内蒙古自治區東部呼倫湖東南，南與契丹接。詳王國維《觀堂集林》卷一四《黑車子室韋考》。

　[3]幽州：州名。治所故址在今北京市。　劉仁恭（？—912）：【李注】唐末割據軍閥，深州樂壽（今河北省獻縣）人。早年爲晉王李克用壽陽鎮將，乾寧元年（894）又爲盧龍軍節度使。其子守文爲橫海軍節度使，父子率兩鎮兵十萬，號稱三十萬，稱雄一方。仁恭後爲另一子守光所囚禁。乾化元年（911），守光自號大燕皇帝。次年仁恭父子爲晉王所擒殺。《新唐書》卷二一二有傳。據《舊五代史》卷一三七《外國列傳》：“劉仁恭鎮幽州，素知契丹軍情僞，選將練兵，乘秋深入，逾摘星嶺討之，霜降秋暮，即燔塞下野草，以困之，馬多饑死，即以良馬賂仁恭，以市牧地。仁恭季年荒恣，出居大安山，契丹背盟，數來寇鈔。”看來，劉仁恭的攻擊使契丹受到了嚴重的損失。　趙霸：人名。本書僅此一見。

　[4]桃山：山名。陳漢章《索隱》：“案《一統志》，桃山在萬全縣西北，新河口堡東三里，亦名桃山臺。”

　[5]李克用（856—908）：沙陀部人。朱邪赤心之子。唐末大同軍節度使。因鎮壓黄巢起義有功而升爲河東節度使。後進封晉王。唐朝亡後，割據河東與後梁對抗。後唐莊宗即位後，追謚爲太祖武皇帝。《舊五代史》卷二五至卷二六有本紀。　雲州：治所故址在今山西省大同市。《舊五代史》卷二六載：“天祐二年春，契丹阿保機始盛，武皇（李克用）召之，阿保機領部族三十萬至雲州，與武皇會於雲州之東，握手甚歡，結爲兄弟，旬日而去，留馬千匹，牛羊萬計，期以冬初渡河。”

　　會遙輦痕德堇可汗殁，[1]群臣奉遺命請立太祖。太祖辭曰："昔吾祖夷离堇雅里嘗以不當立而辭,[2]今若等復爲是言,何歟?"曷魯進曰："曩吾祖之辭,遺命弗及、符瑞未見,第爲國人所推戴耳。今先君言猶在耳,天人所與,若合符契。天不可逆,人不可拂,而君命不可違也。"太祖曰:"遺命固然,汝焉知天道?"曷魯曰:"聞于越之生也,神光屬天,異香盈幄,夢受神誨,龍錫金佩。天道無私,必應有德。我國削弱,齮齕於隣部日久,[3]以故生聖人以興起之。可汗知天意,故有是命。且遙輦九營某布,[4]非無可立者。小大臣民屬心于越,天也。昔者于越伯父釋魯嘗曰:'吾猶蛇,兒猶龍也。'[5]天時人事,幾不可失。"太祖猶未許。是夜,獨召曷魯責曰:"衆以遺命迫我,汝不明吾心而亦俛隨耶?"曷魯曰:"在昔夷离堇雅里雖推戴者衆,辭之而立阻午爲可汗,[6]相傳十餘世,[7]君臣之分亂,紀綱之統隳。委質他國,若綴斿然。[8]羽檄蠭午,[9]民疲奔命。興王之運,實在今日。應天順人以答顧命,不可失也。"太祖乃許。明日,即皇帝位,命曷魯總軍國事。

[1]痕德堇:人名。亦作欽德。契丹遙輦氏部落聯盟的最後一位可汗。本書卷六三有"契丹王欽德,習爾之族也,是爲痕德堇可汗。光啓中,鈔略奚、室韋諸部,皆役服之,數與劉仁恭相攻,晚年政衰"。又據本書卷一,痕德堇可汗歿於唐天祐三年(906)。【李注】痕德堇爲契丹遙輦氏末代可汗名。"痕德堇"又稱"欽德",其立爲契丹可汗應早於天復元年。據《新唐書》卷二一九《契丹傳》,咸通(860—874)間,契丹可汗爲習爾之。"習爾之死,族人欽德嗣。光啓時天下盜興,北疆多故,乃鈔奚、室韋,小

小部種皆役屬服之，因入寇幽、薊”。可見，光啓（885—888）時，欽德已在位。　可汗：突厥語和契丹語稱“王”或“皇帝”爲“可汗”或“可寒”。

[2]雅里：人名。亦作“泥禮”“涅里”。本書卷六三《世表》說他擁立迪輦俎里又作“迪輦祖里”“迪輦組里”，爲契丹遙輦氏部落聯盟的阻午可汗。本書卷二《太祖本紀下》說他是遼太祖的七世祖。還說他“始立制度，置官屬，刻木爲契，穴地爲牢”。

[3]齮（yǐ）齕（hé）：側齒咬。引申爲毀傷。典出《史記》卷九四《田儋傳》：“且秦復得志於天下，則齮齕用事者墳墓矣。”

[4]遙輦九營：亦稱“遙輦九帳”，對遙輦氏九任可汗後裔的總稱。遼朝建立後，對遙輦九帳給予優待，尊九帳於御營之上。並設有遙輦九帳大常袞司。【李注】掌遙輦窪可汗、阻午可汗、胡剌可汗、蘇可汗、鮮質可汗、昭古可汗、耶瀾可汗、巴剌可汗、痕德菫可汗等九世宮分之事。

[5]吾猶蛇，兒猶龍也：漢字《耶律智先墓誌銘》稱“遠祖于越蜀國王，諱述烈·實魯。我太祖大聖天皇帝之伯父也。時太祖尚幼，異而重之。嘗謂人曰：‘吾輩蛇爾，吾姪其龍乎！’乃誨宗屬與其子弟善當翊護”。《耶律慶嗣墓誌銘》稱“遠祖于越蜀國王，諱述烈·實魯，即太祖大聖天皇帝之伯父也。有玄鑒澄量，當太祖潛德時，嘗謂族人曰：‘觀吾姪應變非常，乃龍之至神者。以吾輩匹之，則蛇虺爾。興吾國業，家一天下，非姪而何？爾曹宜肩一心，始終善愛戴之。’其先見遠識若此”。實魯即釋魯。

[6]阻午：契丹可汗的稱號。名叫迪輦組里。據本書卷六三《世表》，唐朝賜名李懷秀（亦作李懷節），“天寶四年降唐，拜松漠都督”。又據《舊唐書》卷九《玄宗本紀下》，“封外孫獨孤氏爲靜樂公主，出降契丹松漠都督李懷節”。

[7]相傳十餘世：【李注】唐開元二十三年（735），可突于殘黨泥禮殺李過折，立阻午可汗，連同阻午可汗之前的窪可汗（可能是追尊），祇傳九世，至907年阿保機建國。

[8]斿（liú）：同“旒”。古代旌旗的下垂飾物。

[9]蠡午：紛然並起的樣子。眾蠡飛起，交橫若午。

時制度未講、國用未充、扈從未備，而諸弟剌葛等往往覬非望。[1]太祖宮行營始置腹心部，[2]選諸部豪健二千餘充之，以曷魯及蕭敵魯總焉。[3]已而諸弟之亂作，太祖命曷魯總領軍事討平之，以功爲迭剌部夷离堇。[4]時民更兵焚剽，日以抏敝，曷魯撫輯有方，畜牧益滋，民用富庶。乃討烏古部，破之。自是震懾，不敢復叛。廼請制朝儀、建元，[5]率百官上尊號。[6]太祖既備禮受册，拜曷魯爲阿魯敦于越。[7]“阿魯敦”者，遼言“盛名”也。[8]

[1]剌葛（？—923）：亦作“撒剌阿撥”，人名。遼太祖的二弟。經常與諸弟發動反對其兄遼太祖的叛亂。據本書卷一《太祖本紀上》，神册二年（917）六月，剌葛與其子賽保里叛入幽州。《通鑑》卷二七〇貞明四年（918）條載：“初，契丹主之弟撒剌阿撥號北大王，謀作亂於其國。事覺，契丹主數之曰：‘汝與吾如手足，而汝興此心，我若殺汝，則與汝何異！’乃囚之。期年而釋之。撒剌阿撥帥其眾奔晉。晉王厚遇之，養爲假子，任爲剌史；胡柳之戰，以其妻子來奔（後梁）。”又據《舊五代史》卷三〇，同光元年（923）十月丙戌（十六日），斬撒剌阿撥并其妻孥於汴橋下。其事蹟詳載本書卷六四《皇子表》。

[2]腹心部：遼太祖建立的完全效忠於他的警衛部隊。

[3]蕭敵魯：人名。遼太祖的姑表弟。本書本卷有傳。

[4]爲迭剌部夷离堇：據本書卷一《太祖本紀上》，曷魯任此官是在太祖八年（914）正月甲辰（初七日）。

[5]建元：建立年號。據本書卷一《太祖本紀上》，太祖十年（916）二月丙申（十一日），建元"神册"。這是遼代的第一個年號。

[6]上尊號：據本書卷一《太祖本紀上》，"神册元年春二月丙戌朔，上在龍化州，迭烈部夷离堇耶律曷魯等率百僚請上尊號，三表乃允。丙申，群臣及諸屬國築壇州東，上尊號曰大聖大明天皇帝"。

[7]拜曷魯爲阿魯敦于越：據中華點校本校勘記，阿魯敦，本書卷一《太祖本紀上》神册元年三月作"阿盧朵里"，爲契丹語譯音，漢語"貴顯""盛名"之義。

[8]遼言：契丹語。

後太祖伐西南諸夷，[1]數爲前鋒。神册二年從逼幽州，[2]與唐節度使周德威拒戰可汗州西，[3]敗其軍，遂圍幽州，未下。太祖以時暑班師，留曷魯與盧國用守之，[4]俄而救兵繼至，曷魯等以軍少無援，退。

[1]太祖伐西南諸夷：指本書卷一《太祖本紀上》神册元年（916）條所説的"秋七月壬申（十九日），親征突厥、吐渾、党項、小番、沙陀諸部，皆平之"。

[2]神册：遼太祖耶律阿保機年號（916—922）。

[3]唐：五代時期的朝代名。史稱後唐。李存勖於公元923年所建。936年亡於後晉。　節度使：官名。唐初，武將行軍稱總管，本道則稱都督。永徽以後，都督帶使持節者稱節度使。唐代節度使一般封郡王，總掌軍旅，專誅殺。起初，僅在邊地設置，目的在於使軍事行動敏捷靈活。一節度使總管一道或數州。後來遍設於國內。祇管一州的軍事民政，用人理財，皆得自專。五代、遼、宋、金皆設此官。元廢。　周德威（？—918）：字鎮遠，朔州馬邑（今

山西省朔州市）人。五代時期後晉的勇將，累官至盧龍軍節度使。《舊五代史》卷五六和《新五代史》卷二五均有傳。　可汗：州名。州治故址在今河北省懷來縣。【李注】據本書卷四一《地理志五·西京道》，媯州改稱可汗州是在阿保機之先。"五代時，奚王去諸以數千帳徙媯州，自別爲西奚，號可汗州，太祖因之"。

[4]盧國用：即盧文進（？—944）。國用（亦作"大用"）乃是其字，幽州范陽（今北京市）人。原爲劉守光騎將。後唐莊宗攻幽州時，率先降莊宗，遙授壽州刺史。後與新州團練使李存矩不睦，於神冊元年（916）四月朔日殺李存矩率衆降契丹。契丹任命他爲幽州留後。從此之後的十年間，經常率領契丹兵南侵幽、薊，擄掠數州士女而去。他傳授契丹人紡織、農耕等中原先進技術。天顯元年（926）十月，率衆投奔後唐莊宗。後晉建立後，又於天福元年（936）投奔吳（後改稱唐，史稱南唐）。卒於南唐保大二年（944）三月。《舊五代史》卷九七、《新五代史》卷四八、《十國春秋》卷二四和《契丹國志》卷一八均有傳。

　　三年七月皇都既成，[1]燕群臣以落之。[2]曷魯是日得疾薨，[3]年四十七。[4]既葬，賜名其阡宴答山曰于越峪，[5]詔立石紀功。清寧間命立祠上京。[6]

[1]皇都：即上京。故址在今内蒙古自治區巴林左旗林東鎮。

[2]落：一種慶祝宮殿竣工的祭祀儀式。典出《左傳·昭公七年》："楚子成章華之臺，願與諸侯落之。"落，義爲"始"。

[3]是日得疾薨：據本書卷一《太祖本紀上》，耶律曷魯薨於神冊三年（918）七月乙酉（十四日）。

[4]年四十七：由此推算，曷魯當生於唐朝咸通十三年（872）。

[5]阡：墳墓。此處指墳墓所在地。　宴答山：山名。今地

不詳。

　[6]清寧：遼道宗耶律洪基年號（1055—1064）。

　　初，曷魯病革，[1]太祖臨視，問所欲言。曷魯曰："陛下聖德寬仁，群生咸遂，帝業隆興。臣既蒙寵遇，雖瞑目無憾。惟析迭剌部議未決，[2]願亟行之。"及薨，太祖流涕曰："斯人若登三五載，吾謀蔑不濟矣。"

　[1]病革：病危將死。典出《禮記·檀公上》中"子之病革矣"。
　[2]析迭剌部：據本書卷三三《營衛志下》，因爲迭剌部強大難制，而於天贊元年（922）把它析爲五院部和六院部兩個部。各置夷离堇。

　　後，太祖二十一功臣各有所擬，[1]以曷魯爲心云。子惕剌、撒剌，[2]俱不仕。

　[1]二十一功臣：據日本松井等《契丹勃興史》（劉鳳翥譯，邢復禮校，《民族史譯文》第10輯，中國社會科學出版社1981年版）考證，指本書卷七三至卷七五所記載的耶律曷魯、蕭敵魯、蕭阿古只、耶律斜涅赤、耶律老古、耶律頗德、耶律欲穩、耶律海里、耶律敵剌、蕭痕篤、康默記、韓延徽、韓知古、耶律覿烈、耶律羽之、耶律鐸臻、耶律古、耶律突呂不、王郁、耶律圖魯窘等人。上述共二十人，尚缺一人待考。
　[2]惕剌：人名。其他不詳。　撒剌：人名。其他不詳。

　　論曰：曷魯以肺腑之親任帷幄之寄，言如蓍龜，[1]

謀成戰勝可謂筭無遺策矣。其君臣相得之誠，庶吳漢之於光武歟![2] 夫信其所可信，智也，太祖有焉。故曰"惟聖知聖，惟賢知賢"，斯近之矣。

[1]蓍龜：卜筮。引申爲説話靈驗。筮用蓍草，卜用龜甲。

[2]吳漢：人名。南陽宛縣（今河南省南陽市）人。東漢初期的重要將領。【李注】王莽末，往來燕、薊間，所至皆交結豪傑。仰慕光武，説服太守彭寵以精鋭歸附光武，光武拜漢大將軍。《後漢書》卷一八有傳。 光武：即光武帝。東漢世祖皇帝劉秀的諡號。《諡法》稱"能紹前業曰光，克定禍亂曰武"。

蕭敵魯字敵輦，[1]其母爲德祖女弟，[2]而淳欽皇后又其女弟也。[3]五世祖曰胡母里，[4]遙輦氏時嘗使唐，[5]唐留之幽州。一夕折關遁歸國，由是世爲決獄官。

[1]敵輦：人名。本書卷一《太祖本紀上》太祖七年（913）四月條作"迪里古"、五月條則作"迪輦"，《蕭義墓誌銘》作"迪烈寧"。"迪輦"乃"敵輦"和"迪烈寧"之異譯。"迪里古"乃"敵魯"的異譯。契丹族人的契丹語名字往往由兩個單詞組成。兩個單詞中的任何一個單詞都可作爲簡稱的名字。而在漢字典籍中往往把兩個單詞一個處理爲名，一個處理爲字。蕭敵魯的全名應爲"敵輦·敵魯"。

[2]德祖：遼太祖的父親撒剌的被追封的廟號。 女弟：妹妹。據本書卷七一《后妃傳·淳欽皇后傳》，蕭敵魯之父婆姑娶匀德恝之女。匀德恝即德祖之父玄祖匀德實。《蕭義墓誌銘》稱迪烈寧是遼太祖的姑表弟。這些記載均與蕭敵魯之母爲德祖女弟相符合。

[3]淳欽皇后：遼太祖的皇后述律平的諡號。 女弟：弟，各本均作"兄"。本書卷一《太祖本紀上》太祖四年（910）七月條

有"以后兄蕭敵魯爲北府宰相"。《蕭義墓誌銘》稱迪烈寧（敵魯）是"應天皇后（淳欽皇后）之長兄"。敵魯既然爲兄，皇后就應爲妹即"女弟"。據改。

[4]胡母里：人名。據本書卷七一《后妃傳·淳欽皇后傳》，蕭敵魯的四代先人依前後次序爲糯思、魏寧、慎婆姑。胡母里應爲糯思之父。

[5]唐：朝代名。李淵於公元 618 年所建。公元 907 年被朱溫所篡。

敵魯性寬厚，膂力絕人，習軍旅事。太祖潛藩日侍左右，[1]凡征討必與行陣。既即位，敵魯與弟阿古只、耶律釋魯、耶律曷魯偕總宿衛。[2]拜敵魯北府宰相，[3]世其官。

[1]潛藩：未作皇帝之時。
[2]阿古只：人名。本書卷一《太祖本紀上》太祖七年（913）四月條作"遏古只"，神册二年（917）三月條作"阿骨只"。本書本卷有傳。 耶律釋魯：本書僅此一見。雖與遼太祖的三伯父同名，但不是同一個人。
[3]北府宰相：契丹部族官名。遼朝官分南、北面。北面官中又有北、南宰相府。北宰相亦稱北府宰相，南宰相亦稱南府宰相。北府宰相掌佐理軍國之大政。后族世預其選。本書卷一《太祖本紀上》太祖四年（910）條載，"秋七月戊子朔，以后兄蕭敵魯爲北府宰相。后族爲相自此始"。《蕭義墓誌銘》稱"佐佑風雲，贊翊日月。初置北相，首居其位"。

太祖征奚及討劉守光，[1]敵魯略地海濱，殺獲甚衆。頃之，刺葛等作亂，潰而北走。敵魯率輕騎追之，兼晝

夜行。至榆河，[2]敗其黨，獲剌葛以獻。[3]太祖嘉之，錫
賚甚渥。後討西南夷，功居諸將先。神册三年十二
月卒。[4]

[1]劉守光（？—914）：深州樂壽（今河北省獻縣）人，劉仁
恭之子，五代時期割據幽州的僭偽者。後梁開平元年（907）因其
父自稱幽州節度使。後梁乾化元年（911）八月十三日，自稱大燕
皇帝，改元應天。乾化三年十二月被晉王李存勗擒獲，次年被殺。
《舊五代史》卷一三五和《新五代史》卷三九均有傳。據本書卷一
《太祖本紀上》，遼太祖親征劉守光是在太祖六年（912）二月戊午
（初九日）。

[2]榆河：地名。《清一統志》有榆河，在今内蒙古科爾沁右
翼前旗，疑即此。

[3]獲剌葛：據本書卷一《太祖本紀上》，擒獲剌葛是在太祖
七年（913）五月甲寅（十三日）。

[4]十二月卒：據本書卷一《太祖本紀上》，蕭敵魯卒於神册
三年（918）十二月辛丑（初二日）。有子蕭翰，本書卷一一三
有傳。

敵魯有膽略，聞敵所在即馳赴，親冒矢石，前後戰
未嘗少衄，必勝乃止。以故在太祖功臣列，喻以手
云。[1]弟阿古只。[2]

[1]喻以手云：《蕭義墓誌銘》稱"聖元肇祚，用人若身，運
使從心，目公爲手"。與此比喻相一致。

[2]弟阿古只：據本書卷六五《公主表》，蕭敵魯除了弟阿古
只之外，還有一個弟弟蕭室魯，娶了太祖的女兒質古公主。舅父娶
外甥女這種娶親不論輩分和近親結婚的婚俗在遼代契丹人中普遍

　　阿古只字撒本。少卓越，自放不羈。長，驍勇善射，臨敵敢前。每射甲楯輒洞貫。太祖爲于越時，以材勇充任使。既即位，與敵魯總腹心部。剌葛之亂也，淳欽皇后軍黑山，[1]阻險自固。太祖方經略奚地，命阿古只統百騎往衛之。逆黨迭里特、耶律滑哥素憚其勇略，[2]相戒曰：“是不可犯也！”剌葛既北走，與敵魯追擒于榆河。

　　[1]黑山：山名。今名罕山，在今内蒙古自治區巴林右旗索博日嘎鎮。

　　[2]迭里特（？—914）：【李注】即耶律轄底之子解里。據本書卷一一二《轄底傳》，迭里“太祖在潛，已加眷遇，及即位拜迭剌部夷離堇”。後從剌葛亂，與其父轄底俱縊殺之。

　　神册初元，討西南夷有功；徇山西諸郡縣，[1]又下之，敗周德威軍。三年以功拜北府宰相，世其職。天贊初，[2]與王郁略地燕趙，[3]破磁窰鎮。[4]太祖西征，悉諉以南面邊事。

　　[1]山西：地名。指太行山以西地區。此指本書卷一《太祖本紀上》神册元年（916）“十一月，攻蔚、新、武、嬀、儒五州，斬首萬四千七百餘級”。諸州皆在山西。

　　[2]天贊：遼太祖耶律阿保機年號（922—926）。

　　[3]王郁：人名。本書卷七五有傳。　燕趙：地名。泛指今河北省地區。因戰國時期此地曾建立過燕國和趙國而得名。據本書卷

二《太祖本紀下》，蕭阿古只與王郁徇地燕趙是在天贊二年（923）七月。

[4]磁窰鎮：地名。今地不詳。疑即今山西省渾源縣大磁窰鎮。

攻渤海，[1]破扶餘城，[2]獨將騎兵五百，敗老相軍三萬。[3]渤海既平，改東丹國。[4]頃之，已降郡縣復叛，盜賊蜂起。阿古只與康默記討之，[5]所向披靡。會賊游騎七千自鴨淥府來援，[6]勢張甚。阿古只帥麾下精銳直犯其鋒，一戰克之，斬馘三千餘，遂進軍破回跋城。[7]以病卒。

[1]渤海：唐代中國東北地區的割據政權名。粟末靺鞨族人大祚榮於公元698年所建，共傳十五王，歷二百二十九年，於公元926年亡於契丹。其事詳見《新唐書》卷二一九《渤海傳》和今人王承禮著《渤海簡史》（黑龍江人民出版社1984年版）。

[2]扶餘城：【李注】渤海國的地名。故址在今吉林省松原市。

[3]老相：渤海國的官名。即大內相，爲政事堂的首長。位在左、右相之上，執行國王的一切政令。相當於唐朝的尚書令。

[4]東丹國：遼朝的藩屬國名。渤海國被滅之後，改稱東丹國，臣屬於契丹。公元930年，其王耶律倍出逃後名存實亡。至乾亨四年（982）十二月撤銷東京中臺省，名也不存，成了遼朝直轄的東京道。

[5]康默記：人名。本書卷七四有傳。

[6]鴨淥府：渤海國的行政區劃名。其南京稱鴨淥府，轄有神、桓、豐、正四個州。府治故址在今吉林省臨江市。

[7]回跋城：渤海國的地名。故址在今吉林省輝南縣輝發城。

功臣中喻阿古只爲耳云。子安團，[1]官至右皮室詳穩。[2]

[1]安團：人名。本書僅此一見。

[2]右皮室：皮室亦作"比室"，契丹語軍種名的音譯。《契丹官儀》稱："契丹謂金剛爲比室，取其堅利之名也。"《契丹國志》卷二三稱："有皮室兵約三萬人騎，皆精甲也，爲其爪牙。"本書卷一一六《國語解》稱："皮室，軍制。有南、北、左、右皮室及黃皮室，皆掌精兵。" 詳穩：契丹語官名令各火的音譯，軍官名。本書卷一一六《國語解》釋爲"諸官府監治長官"。

耶律斜涅赤字撒剌，六院部舍利裏古直之族。[1]始字鐸盌，早隸太祖幕下，嘗有疾，賜罇酒飲而愈。遼言酒尊曰"撒剌"，故詔易字焉。

[1]六院部：遼代契丹的部族名。天贊元年（922），由迭剌部分化出來。因有六個"爪"（百户）而得名。"爪"是契丹字那（百）的音譯。 舍利：契丹語音譯詞。官名。契丹小字作无力夬。本書卷一一六《國語解》稱："契丹豪民要裹頭巾者，納牛駝十頭，馬百匹，乃給官，名曰舍利。後遂爲諸帳官，以郎君繫之。" 裏（niǎo）古直：人名。據本書卷六四《皇子表》，字巖母根，懿祖的第四子。善射，官至舍利，墮馬而卒。

太祖即位，掌腹心部。天贊初分迭剌部爲北、南院，[1]斜涅赤爲北院夷离堇。帝西征至流沙，[2]威聲大振，諸夷潰散，廼命斜涅赤撫集之。

[1]北、南院：此處指五院部和六院部。

[2]流沙：地名。泛指遼朝西部的沙漠地區。

及討渤海，破扶餘城，斜涅赤從太子、大元帥率衆夜圍忽汗城。[1]大諲譔降，[2]已而復叛，命諸將分地攻之。詰旦，斜涅赤感勵士伍，鼓譟登陴，敵震慴莫敢禦，遂破之。

[1]太子：指皇太子耶律倍。　大元帥："天下兵馬大元帥"的簡稱。此處指當時擔任天下兵馬大元帥的耶律德光。　忽汗城：亦稱"上京城"，地名。渤海國的首都。故址在今黑龍江省寧安市渤海鎮。

[2]大諲譔：人名。渤海國的亡國之君。公元926年被契丹俘獲後押送到遼上京之西，築城以居。

天顯中卒，[1]年七十，居佐命功臣之一。姪老古、頗德。[2]

[1]天顯：遼太祖耶律阿保機和遼太宗耶律德光共用的年號（926—938）。

[2]老古：人名。本書卷一《太祖本紀上》太祖七年（913）正月條作"樂姑"，爲同名異譯。本書本卷有傳。

老古字撒懶，其母淳欽皇后姊也。老古幼養宮掖，既長，沉毅有勇略，隸太祖帳下。既即位，屢有戰功。剌葛之亂也，欲乘我不備爲掩襲計，紿降，[1]太祖將納之，命老古、耶律欲穩嚴號令，[2]勒士卒，控彎以防其變。逆黨知有備，懼而遁。以功授右皮室詳穩，典宿衛。

［1］絟：原本誤作“給”，明抄本誤作“始”，南監本、北監本和殿本均作“絟”。中華點校本和修訂本徑改作“絟”。今據改。

［2］耶律欲穩：人名。本書本卷有傳。

太祖侵燕趙，遇唐兵雲碧店，[1]老古恃勇輕敵，直犯其鋒。戰久之，被數創，歸營而卒。太祖深悼惜之，佐命功臣其一也。

［1］雲碧店：地名。今地不詳。

頗德字兀古鄰。弱冠事太祖。天顯初爲左皮室詳穩，典宿衛，遷南院夷离董，治有聲。石敬瑭破張敬達軍於太原北，[1]時頗德勒兵爲援，敬達遁。敬瑭追至晉安寨圍之，[2]頗德領輕騎襲潞州，[3]塞其餉道。唐諸將懼，殺敬達以降。會同初，[4]改迭剌部夷离董爲大王，即拜頗德，既而加採訪使。[5]

［1］石敬瑭（892—942）：五代時後晉開國的高祖皇帝。《舊五代史》卷七五至卷八〇《高祖紀》和《新五代史》卷八皆有本紀。
　張敬達（？—936）：代州（今山西省代縣）人，後唐名將。累官至大同、彰國、振武、威塞等軍蕃漢馬步軍都部署。《舊五代史》卷七〇和《新五代史》卷三三均有傳。　太原：地名。今屬山西省。
［2］晉安寨：地名。故址在今山西省太原市晉祠鎮南。
［3］潞州：州治故址在今山西省長治市。

[4]會同：遼太宗耶律德光年號（938—947）。

[5]採訪使：官名。唐開元二十一年（733）分全國爲十五道，每道置採訪處置使，簡稱"採訪使"。掌管檢查刑獄和監察州縣官吏。天寶九載（750），其職權改爲僅考課官吏，不干預他政。遼代此官不常設，偶爾奉詔去州訪察刑獄。

舊制，蕭祖以下宗室稱院；[1]德祖宗室號三父房，[2]稱橫帳；[3]百官子弟及籍没人稱著帳。[4]耶律斜的言：[5]"橫帳班列，不可與北、南院並。"太宗詔在廷議，[6]皆曰然。乃詔橫帳班列居上。頗德奏曰："臣伏見官制，北、南院大王品在惕隱上。[7]今橫帳始圖爵位之高，願與北、南院參任；兹又恥與同列。夫橫帳與諸族皆臣也，班列奚以異？"帝乃諭百官曰："朕所不知，卿等不宜面從。"詔仍舊制。其強直不撓如此。

頗德狀貌秀偉。初，太祖見之曰："是子風骨異常兒，必爲國器。"後果然。卒年四十九。

[1]蕭祖：遼太祖耶律阿保機的高祖父耨里思的廟號。乾統三年（1103）所追封。

[2]德祖宗室：據本書卷六四《皇子表》，"德祖"乃"玄祖"之誤。 三父房：遼代皇族孟父房、仲父房、季父房的總稱。遼太祖之父撒剌的有兄弟四人，其本人爲行四。長兄麻魯早亡無嗣。二兄巖木的子孫後裔屬孟父房。三兄釋魯的子孫後裔屬仲父房。其本人的子孫除了阿保機一支外，皆屬季父房。三父房皆帝之昆弟，最爲顯貴。

[3]橫帳：遼代的御帳。遼代皇族爲契丹族人，習於遊牧生活，實行四時捺鉢制度。其俗東向而尚左，御帳東向，遙輦九帳南向，

皇族三父房帳北向。東西爲經，南北爲緯。故謂御帳爲橫帳。引申爲皇族的代稱。有廣、狹兩義。廣義指三父房皇族，狹義僅指阿保機子孫後裔。實際應用廣義的較多。例如耶律習涅本是仲父房釋魯的後裔，在其墓誌中却稱大橫帳。在契丹文字中"橫帳"作 𐰼𐰖𐰂，其本意是"兄弟的"，即與皇帝稱兄道弟者即爲皇族。

[4]著帳：即著帳户。遼代宫户中身份較低的一種人户。其來源有二。一爲從諸斡魯朵户中析出者，二爲世官之家及諸色人因犯罪籍没者。多充宫中雜役，凡承應小底、司藏、鷹坊、湯藥、尚飲、盥漱、尚膳尚衣、裁造等役及宫中、親王祇從、伶官之屬皆充任。也有的人執事禁衛。著帳户的釋宥、没入，隨時增損，無常額。設著帳司進行管理。

[5]耶律斜的：人名。本書僅此一見。

[6]太宗：遼代皇帝耶律德光的廟號。

[7]惕隱：亦名"梯里己"，契丹語音譯詞。官名。大惕隱司的首長，掌皇族的政教。本書卷一一六《國語解》稱："典族屬官，即宗正職也。"

耶律欲穩字轄剌干，[1]突吕不部人。[2]

[1]轄剌干：本書卷一《太祖本紀上》太祖七年（913）正月條作"轄剌僅·阿鉢"。

[2]突吕不部：部族名。其最早的首領塔古里生活在阻午可汗時期。當時此部共有三營。阻午可汗命令塔古里分一營給其弟航斡另組突舉部。塔古里把剩下的兩個營改名爲北托不和南須兩個石烈，重新組成突吕不部。在遼代該部隸屬西北路招討司，其長官司徒居長春州（今吉林省松原市）西。

祖臺押，[1]遙輦時爲北邊撻剌。[2]簡獻皇后與諸子之罷難也,[3]嘗倚之以免。太祖思其功不忘,又多欲穩嚴重,有濟世志,[4]乃命典司近部,以遏諸族窺覦之想。

[1]臺押:人名。即耶律臺押。遼太祖的祖父玄祖被狠德所害後,玄祖諸子躲藏到耶律臺押家纔倖免於難。

[2]拽剌:亦作“曳剌”“夜剌”“曳落河”,契丹語音譯詞。官名。其原義爲“健兒”“壯士”。此處爲擔任巡警任務的低級軍官。

[3]簡獻皇后:遼玄祖的皇后蕭月里朶的謚號。重熙二十二年(1053)追封。本書卷七一有傳。

[4]濟世志:“志”原本作“忠”,明抄本、南監本、北監本和殿本均作“志”。中華點校本、修訂本、補注本徑改。今據改。長箋本引《羅校》出校。

欲穩既見器重,益感奮思報。太祖始置宮分以自衛,[1]欲穩率門客首附宮籍。帝益嘉其忠,詔以臺押配享廟廷。及平剌葛等亂,以功遷奚迭剌部夷离堇。[2]從征渤海有功。天顯初卒。

[1]宮分:即“宮分戶”,亦稱“宮籍戶”和“宮戶”。遼代諸宮衛所管轄的專供皇帝、皇后等人使役的人戶。包括正戶、蕃漢轉戶和著帳戶。入宮籍後不隸屬國家的州縣,故名。本書卷三一《營衛志上》:“遼國之法,天子踐位,分州縣,析部族,籍戶口,備兵馬。”籍戶口就是爲宮衛籍宮分戶。所分的州縣不再歸國家所轄,成爲宮衛所轄的皇帝的私人州縣。宮分出身的人亦可任大官。顯貴後經皇帝批准可改變宮分的出身,即出宮籍。例如韓德讓、姚景行即此。

[2]奚迭剌部:應爲“迭剌部”,“奚”爲衍字。本書卷九八

《耶律胡呂傳》作"迭烈部"。

後，諸帝以太祖之與欲穩也爲故，往往取其子孫爲友。宮分中稱"八房"，皆其後也。弟霞里，[1]終奚六部禿里。[2]

[1]霞里：人名。本書卷七四作"轄里"。
[2]奚六部：亦稱"六部奚"。奚族六個部的總稱。奚族最初有遙里、伯德、奧里、梅只、楚里五部。天贊二年（923），東扒里廝胡損恃險抗命，被遼太祖消滅，遂以奚府給役户，併括諸部隱丁，收合流散而置墮瑰部。連同以前的五部共爲六部。遼聖宗時又把奧里、梅只、墮瑰三部合爲一部，另外特設了兩個剋部，仍爲六部之數。　禿里：亦作"吐里"，契丹語音譯詞。官名。經常以音譯和意譯相結合的"禿里太尉"的形式出現，因而"禿里"含有"太尉"之義，但不是漢語中的"太尉"本意。官名"禿里"也被金代採用。據《金史》卷五五《百官志一》，"鎮撫邊民之官曰禿里"。又據《金史》卷五七《百官志三》，"禿里一員，從七品，掌部落詞訟，防察違背之事"。

耶律海里字涅剌昆，遙輦昭古可汗之裔。[1]

[1]昭古可汗：契丹遙輦氏部落聯盟時期的第六任可汗。事蹟不詳。

太祖傳位，海里與有力焉。初受命，屬籍比局萌覬覦，而遙輦故族尤觖望。[1]海里多先帝知人之明，而素服太祖威德，獨歸心焉，以故太祖託爲耳目。數從征討，既清內亂，始置遙輦敞穩，[2]命海里領之。

[1]尤：原本、南監本和明抄本均作"瓦"，北監本和殿本作"尤"。中華點校本、修訂本和補注本徑改作"尤"。長箋本引《初校》出校。 觖（jué）望：因不滿而怨恨。

[2]敞穩：亦作"常袞"，契丹語音譯詞。官名。掌遙輦部族戶籍等事。

天顯初征渤海，海里將遙輦糺破忽汗城。[1]師般，卒。

[1]糺：應作"乣"，爲混入漢字中的契丹大字。其讀音學界有"札""查剌""主因""軍""又"等說。在契丹大字《耶律昌允墓誌銘》中，"乣"字作爲音譯漢語借詞"千牛衛上將軍"中"牛"字的韻母。契丹大字"乣"字音"又"可成爲定論。關於契丹大字"乣"的字義，雖然多有主張爲"軍"者，但由於缺乏足夠的令人信服的證據，尚不能成爲定論。

（劉鳳翥校注　李錫厚補）